박물군자
한동훈,
500일간의 기록

겨울나그네24 꺼

박물군자 한동훈,
500일간의 기록

펴 낸 날 2025년 12월 16일

지 은 이   겨울나그네24
펴 낸 이   이기성
기획편집   권희연, 최인용, 이서은
표지디자인 권희연
책임마케팅 이수영, 김정훈
펴 낸 곳   도서출판 생각나눔
출판등록   제 2018-000288호
주   소   경기도 고양시 덕양구 청초로 66, 덕은리버워크 B동 1708, 1709호
전   화   02-325-5100
팩   스   02-325-5101
이 메 일   bookmain@think-book.com

• 책값은 표지 뒷면에 표기되어 있습니다.
   ISBN   979-11-7048-955-9(03300)

박물군자
한동훈,
500일간의 기록

한동훈 천재는 좀 다르다.
겸손함이 몸에 배었다.
그래서 박물(博物)에 군자(君子)를
더해도 어색하지 않다.

겨울나그네24 펴

생각나눔

서 문

———

  나는 한동훈의 동료 시민이다.

  동료 시민으로서 한동훈의 말을 기록했다. 말을 기록하다 보니 행동도 기록하게 되었다. 말과 행동을 기록하다 그의 생각까지 기록하게 되었다.

  이 책에 실린 글들은 24년 4월부터 25년 10월까지 정치인 한동훈을 기록한 것들이다. 약 500일 간의 기록이다.

  거의 매일 그의 말과 행동을 기록해서 한동훈을 응원하는 카페 〈위드후니〉에 올렸다. 500일간 500여 개의 글을 올렸고 적지 않은 분들이 내 글을 좋아해 주셨다. 책으로 만들어 달라는 요청을 받았고 그 요청을 거절할 수 없었다.

  500개의 글 중에서 130개 정도를 추리는 작업이 쉽지 않았다. 선별 작업의 첫 번째 기준은 '소장 가치'였다. 한번 읽고 버리는 글이 아니고 두고 볼만한 글들을 나름 선택했다.

  두 번째 기준은 '인문학적 가치'이다. 한동훈 라방(라이브 방송)에서 스치듯 언급된 문학적 소재와 사색을 담으려 노력했다. 잠자리에 누워서 읽으면 행복감을 줄 수 있는 그런 글들을 선택하려 노력했다.

이런 기준으로 선별하다 보니 정치색이 강한 글들이 많이 탈락했다. 사건이 일어났던 당시에는 생생하게 느껴졌지만, 이런 글들은 시간이 지나 다시 읽으면 시들해진다. 그런 글들은 선택되지 못했다.

이 책에 있는 글들은 한동훈의 지지자 시각으로 일희일비하며 쓴 글들이다. 한동훈을 응원하는 마음으로 쓴 글이지만 그의 매력과 장점을 반의반도 나타내지 못했다. 어쩔 수 없는 비전문 작가의 한계이기도 하고, 한동훈의 인간적인 매력이 차고 넘치기 때문이기도 하다. 어떤 글로도 다 담기 어려운 매력들이다.

한동훈을 잘 모르는 많은 분이 그를 알게 되길 바란다. 그것은 축복일 것이다.

이 책의 글들이 한동훈을 알고자 하는 분들을 위해 도움이 되었으면 좋겠다.

2025년 겨울의 입구에서 겨울나그네24

추천의 글

어느새 기온이 한 자릿수로 떨어졌다. 마치 여름과도 같은 무더운 한가위를 보낸 지 불과 한 달도 되지 않았는데, 벌써 겨울을 준비해야 한다. 이런 하루하루를 살아내는 우리는 입버릇처럼 말한다. "중간이 없네."

"오호, 통제라? 자연의 섭리조차 이럴진대, 우리가 살아가는 세상만사는 거론할 필요가 있으랴." 더불어민주당에는 '민주'가 없고, 국민의힘에는 '국민'이 없다는 자조 섞인 한탄조차 양극단의 극한 목소리에 이내 파묻히고 마는 이러한 세상이 오리라고는 상상조차 하지 못했다.

추천의 글을 준비하는 지금, 우리는 2025 경주 APEC 정상회의를 앞두고 슈퍼위크를 맞고 있다. 기대와 우려가 공존하는 어느 때보다 중요한 회의가 될 거라는 전망이 나온다. 다자무역의 FTA가 허물어지고, 보호무역주의가 다시금 꿈틀대는 힘에 의한 패권의 시대, 국제 무대에서 관세 압박을 받는 대한민국의 명운을 가를 중요한 회의가 시험대에 올랐기 때문이다.

이런 중요한 시기, 누군가의 말이 떠오른다. "대한민국이 잘 됐으면 좋겠습니다." 우리는 이런 말로 응원해야 한다. 진영 논리에 갇혀 내로남불을 일삼고 저주의 말을 내뱉을 것이 아니라 바로 이러한 말로 서로를 독려하며 응원해야 한다. 바로 우리 국민이 먹고사는 문제이자 우리 모두 회복해야 할 상식이기에.

지난겨울 계엄을 막고 탄핵으로 민주주의를 지켜냈던 한동훈에게 국민의힘은 그 책임을 고스란히 뒤집어씌워 버렸다. 상식은 그렇게 무너져 버렸다. 억울함도 이런 억울함이 없으리라. 하지만 그는 덤덤히 말했다. "대한민국이 잘 됐으면 좋겠습니다." 이 한마디는 이 땅에 발딛고 살아가는 우리 모두의 염원이자, 지극히 상식적인 세상을 꿈꾸며 살아가는 나 같은 소시민에게도 똑같이 적용된다. 상식을 받아들이고 민주주의의 가치를 수용하는 것은 진영이 갈리고, 가치가 다르더라도 우리나라가 잘 되기를 한마음으로 바라는 바로 그런 것이라 믿기 때문이다.

오늘날 상식은 실로 많은 도전을 받는다. 프레임이라는 이름으로 각인 되고, 거짓으로 점철된 정치판에서 내팽개쳐진 상식은 그저 도태되어 사라져야 할 수명 다한 가치가 아니라, 오랜 시간 우리 삶을 지탱해 준 사회 안전망이자 나침반 같은 의미가 있다.

"이 봉숭아학당이란 외딴섬에는 외눈박이만 산다. 눈 두 개 가진 사람들이 보는 넓은 세상을 얘기해주어도 듣지도 믿지도 않는다. 이단자로 배척한다. 그러다 보니 눈 두 개 가졌던 사람도 세월이 지나면 어느새 외눈박이가 된다. 그걸 적응이라고 부르고, 중진들은 적자 생존한 인물로 대우받는다. 초선들은 그래서 눈 하나 아예 가리고 다닌다."

나는 찰스 다윈의 진화론을 이렇게 명쾌하게 설명한 문장을 일찍이 만나지 못했다. 이 책은 바로 이렇게 우리가 회복해야 할 보편타당한 상식선이 어디인가를 제시하고 있다. 상식적인 정치인이 비상식과 몰상식이 지배하는 외눈박이 섬에서 진화하지 못했다고 받아야 했던 비난과 수모, 그리고 그것을 극복하기 위해 흘려야 했던 땀과 눈물, 그리고 바로 국민과 소통하고자 노력하는 한 정치인을 응원하는 마음을 담은 책이다.

생각을 전하는 건 말이고, 마음을 전하는 건 글이다. 그런 의미에서 이 책은 조금 특별한 책이다. 필자가 글을 쓰는 일에 종사해 온 전문인이 아니고, 이 책을 추천하는 나 역시 글을 책으로 써본 기억이 떠오르지 않는 그저 평범한 하루를 사는 사람이기 때문에 더욱 그렇다.

모든 게 부족하더라도 그저 묵묵히 정치로 공공선을 이루고, 상식의 세상, '아보하'의 세상을 회복하고자 노력하는 그런 정치인을 기억하고, 응원하고자 하는 마음을 담았다. 그래서 글로써 마음을 전한다. 그러한 마음과 마음이 모아져서 우리가 살아가는 이 사회를 보다 나은 세상으로 이끌 수 있다고 믿기 때문이다.

2025년 늦가을. 네이버 카페 위드후니.
겨울나그네24 열혈 구독자. 9회 말 2아웃

CONTENTS

CONTENTS

CONTENTS

퇴마천사 한동훈

하늘이 배달의 민족을 불쌍히 여겼다.

오천 년 동안 한 번도 배불리 먹어 본 적 없는 불쌍한 민족이었다. 생각 끝에 하늘은 세 천사를 동시에 대한민국으로 보냈다. 파격적이었다.

이병철, 정주영, 그리고 박정희였다. 세 천사는 나라를 완전히 바꾸어 놓았다. 원시 농경사회를 현대산업사회로 탈바꿈시켰고, 배곯던 민족을 다이어트하는 민족으로 바꾸어 놓았다.

하늘 반대편에, 눈부신 대한민국의 번영을 시기하는 세력이 있었다. 하늘이 잠시 잠든 새에 이들은 대한민국에 두 악마를 보냈다.

두 악마는 30개가 넘는 탄핵과 한밤의 비상계엄으로 대한민국을 쑥대밭으로 만들었다.

잠에서 깬 하늘이 비로소 이 사실을 알게 되었다. 그리고 하늘에서 가장 악마 잘 잡기로 소문난 퇴마천사를 급파한다. 그 천사의 이름은 한동훈이다.

그 천사는 아직 임무 수행 중이다.

박물군자(博物君子) 한동훈

'박물군자(博物君子)'라는 말이 있다.

'박물(博物)'은 '온갖 사물에 정통하다.'라는 뜻이 있다. '군자(君子)'는 '덕과 지혜를 겸비한 사람'을 의미한다. 따라서 '박물군자'는 넓은 지식과 깊이 있는 식견을 가진 지혜로운 사람이다.

한 분야에 전문인이 되는 것도 존경받아 마땅한데 여러 분야에 깊은 지식을 갖는 그런 사람을 만나는 일은 정말 경이롭다. 그런 사람을 천재라고 부른다.

기억나는 천재가 한 사람 있다. 자타가 공인하는 인문학의 천재 양주동(梁柱東)이다. 시인, 문학평론가, 국문학자, 영문학자, 문학 번역가, 수필가였다. 그의 강연을 들으면 동서고금을 자유롭게 왕래한다는 느낌을 받았다고 한다. 영어, 프랑스어, 일어, 중국어를 구사했다고 들었다. 양주동을 달리 설명할 방법이 없다. 그냥 천재였다.

세월을 거슬러 올라가면 또 한 명의 천재를 만난다. 광개토와 함께 유이무삼의 대왕 칭호를 받는 세종 이도(李祹)이다.

이도는 특히 음운학에 밝은 언어학자였다. 한글을 발명한 공헌은 감히 평가를 불허한다. 수학, 과학, 역사, 천문학에 능했고 직접 작곡까지 한 음악가이기도 했다. 대왕이라는 칭호와 한글을 만든 업적에 가려진 것이 이도의 다양한 분야에서의 깊이 있는 지식이다.

한동훈의 라방은 경이롭다.

한동훈의 인문학적 소양에 매료되었다. 근데 그게 다가 아니었다. 그가 보여준 가상자산에 대한 전문가적 식견에 놀랐다. 최근 새로운 라방을 통해 알게 된 음악과 영화에 대한 지식에 또 놀란다.

천재라고 칭하고 싶다. 위의 두 천재와 다른 점이 하나 있다. 한동훈 천재는 겸손하다. 양주동 천재는 자신을 천재라 불렀고, 이도(李裪) 천재도 지적 자부심이 가득해서 똑똑한 신하들과 겨루기를 좋아했다.

한동훈 천재는 좀 다르다. 겸손함이 몸에 배었다. 그래서 박물(博物)에 군자(君子)를 더해도 어색하지 않다.

한동훈은 한국 정치의 상수(常数)이다

상수는 수식에서 항상 일정한 값을 갖는 수로, 변수와 반대되는 개념이다. 예를 들어, 함수 $f(x)=x+1$에서 x는 변수이고, 1은 상수이다. x 값은 변할 수 있어도 상수는 절대 변하지 않는다.

대기자 조갑제가 한동훈을 한국 정치사에서 상수(常数)가 될 수 있는 정치인으로 꼽았다. 그리고 한국 정치사에서 상수였던 정치인으로 3김을 들었다. 상수 정치인은 자기 정당을 만들 수 있을 정도의 확고한 지지세력을 확보한 혹은 확보할 수 있는 인물이라고 했다.

아울러 한동훈은 지금의 정치판에서 말과 글이 되는 유일한 정치인이라고 평가했다. 언론인 출신들은 한동훈의 말과 글을 공통적으로 높이 평가한다. 윤석만도 한동훈의 말과 글이 싱크로율이 매우 높다면서 '말하듯이 쓰고, 글 쓰듯이 말한다.'라고 평한다.

라방에 대한 조갑제의 한마디. "정치인은 무엇이라도 해야 한다. 가만히 고여 있는 물은 정치인이 아니다. 한동훈은 아는 것이 많다. 나는 한동훈의 라방이 재미있다."

대기자 조갑제의 칭찬이 너무 듣기 좋아서 이 글을 쓰는 내내 내 입가에는 웃음이 떠나지 않는다.

한동훈'이란 정치인의 주어진 상숫값이 지금 1인지 10인지 모르지만, 그 값이 100이 되고 200이 될 날이 올 것이라 믿는다.

$f(x)=x+1$에서 $f(x)$는 우리 대한민국의 역량이다. 한동훈이란 상숫값이 커지면 같이 커질 수밖에 없는 대한민국의 역량이다.

한동훈의 기록. 놀라운 사실

올해 2월 26일. 한동훈의 책『국민이 먼저입니다』가 발매되었다. 이른 아침부터 광화문 교보문고 빌딩을 둘러선 행렬이 언론의 뜨거운 관심을 받았다.

한동훈의 책에 대한 대중의 뜨거운 반응을 지켜보는 것은 큰 기쁨이고 즐거움이었다. 그러면서도 마음 한편에는 우려가 있었다.

책을 준비하는 데 걸리는 시간이 너무 짧았다. 책에 등장하는 인물은 또 너무 많았다. 국가 비상계엄이라는 책의 배경이 또한 어마어마했다.

국가적으로 민감하기 짝이 없는 사건에, 대한민국에서 힘깨나 쓰는 정치권력자들이 다 등장하고, 책이 나오는 데 걸린 시간은 놀랄 만치 짧았다. 눈치 빠르신 분들은 나의 걱정과 우려가 무엇인지 벌써 눈치채셨으리라.

책의 2부 '한동훈의 생각'을 대담한 윤석만은 책이 나오는 데 걸린 시간이 짧았던 이유를 다음과 같이 설명했다.
"한동훈은 구어와 문어가 놀랄 만치 일치한다. 말하듯이 글을 쓰고 글을 쓰듯이 말한다. 한동훈의 구어와 문어의 싱크로율이 매우 높다. 그것이 책 집필에 걸린 시간이 짧았던 이유이다."
그의 이야길 듣고 짧았던 시간에 대한 우려는 사라졌다.

그리고 많은 책이 팔렸다. 베스트셀러가 되었다. 조갑제는 계엄을 기록한 최고의 역사서. 최고의 기록문학이란 찬사를 주었다. 그렇게 시간이 흘렀다.

놀라웠다. 이 역사서의 기록에 대한 작은 시비조차 없었다. 대한민국 역사상 가장 민감한 사건에 등장한 소위 힘깨나 쓰는 인물들로부터도 책 내용에 대한 시비가 없었다. 참 신기했다.

『국민이 먼저입니다』는 그런 책이다. 엄정하게 사실을 기록한 책이다. 한동훈 지지자들이 특검에 보내어 읽어보게 할만한 충분한 가치가 있는 책이다.

특검이 이 책을 밑줄 그어가며 읽었으리라 생각한다. 그랬으면 저자인 한동훈에게 감사의 편지를 보냈으면 될 일이었다.

민주당이 잉태한 특검이 한동훈을 법정 증인 심문하겠다고 하니 그 저의를 의심받는 것이다.

인간 한동훈과 정치인 한동훈의 싱크로

'한동훈의 라방'이 정가의 화제다. 일찍이 이런 일은 없었다. 화제가 될수록 한동훈을 지지하는 사람들의 우려도 깊어진다. 이유 있는 우려이다.

라방은 생방송이다. 전문 방송인들도 생방송에서 실수를 한다. 어떤 실수는 치명적이다. 그 방송인의 인생을 끝장낼 수도 있다. 사람들은 그걸 걱정한다. 한동훈도 그런 리스크가 있다는 것에 동의한다.

그러면서도 라방은 계속된다고 얘기한다. 용감한 낙관주의자 한동훈의 기질이 발휘되는 순간이다.

제 생각을 얘기해 보자. 잠재적 위험에도 불구하고 라방이 계속되어도 좋은 이유이다. 한동훈의 낙관주의 외에도 두 가지 이유를 들고 싶다.

첫째, '한동훈은 진중하다.'

그는 말의 무게를 안다. 말이 누군가를 해할 수 있고 자신도 해할 수 있음을 안다.

탄핵 의결 후 의원총회에서 의원들의 거센 공격을 받을 때, 나는 긴장하고 있었다. 최고로 긴장했던 순간이었다. '한동훈도 사람인지라 분노에 찬 막말이 튀어나오지 않을까?' 손에 땀을 쥐었다. 그는 끝까지 자제를 잃지 않았다.

그 이후 나는 이 방면의 걱정을 더 이상 하지 않는다. 그는 진중하고 자제할 줄 안다. 한동훈이 라방을 계속하는데 문제없다고 생각하는 이유이다.

둘째, 한동훈이 라방에서 스스로 밝힌 '인간 한동훈과 정치인 한동훈의 싱크로'이다.

인간 한동훈과 정치인 한동훈이 다르지 않다. 정치인 중에 이런 유형은 찾기 힘들다. 정치인의 일상은 연기를 하는 배우이다. 정도의 차이만 있을 뿐이지 정치인들은 두 개의 얼굴을 갖는다. 대중에게 보이는 것은 정치인의 얼굴이다.

인간 한동훈과 정치인 한동훈의 싱크로율은 얼마나 될까. 내 평가는 90% 이상이다. 정치인 평균을 30% 정도로 봐준다. 싱크로율이 90% 이상이라면 이건 정치인이 아니란 얘기다. 말하는 내 자신이 좀 당혹스럽긴 하다.

정치인이 라방을 회피하는 것은 정치인으로서 보여주고 싶은 것 외에 실제의 모습이 드러나는 것을 꺼리기 때문이다. 가식의 가면 뒤에 숨은 진짜 모습이 드러나길 두려워하기 때문이다.
한동훈은 싱크로율이 높다. 드러날 가짜와 가식이 없다. 라방을 두려워할 이유가 없는 것이다.

한동훈의 라방이 계속되길 바란다. 모든 국민이 인간 한동훈과 정치인 한동훈이 같음을 알게 될 때까지.

기자가 빠뜨린 것 한 가지

제주방송 김지훈 기자의 글을 잘 읽었다.

김 기자의 문장은 화려해서 내 눈이 호강한다. 한동훈이 언급한 몇 개 지역(전남, 전북, 수도권 험지)을 '정치적 불모지'가 아닌 '정치적 책임의 사각지대'로 보는 한동훈의 시각을 잘 해석해 주었다. 해석이 멋있기도 하고 고맙기도 하다.

한동훈은 음지를 잘 찾는다. 시장바닥을 직진하다가 갑자기 옆으로 튈 때가 있다. 카메라가 쫓아가면 그곳에는 반드시 신체가 불편한 어르신들이 있다. 그는 쪼그리고 앉아 그분들의 손을 꼭 잡는다. 그의 진심이다. 한동훈은 우리 사회의 그늘을 안다. 그늘 속의 서민들과 그들의 애달픈 삶을 안다. 김지훈 기자가 예쁘게 해석한 '정치적 책임의 사각지대'에 대한 관심이 크기 때문이다.

남은 후원금 반납하는 것에 한동훈의 동료 시민들 유감이 많다. 그걸 다 쓰지 않고 미운 국힘에 반납하는 것이 못내 마음에 걸린다.

국민의 세금 아껴 쓰는 것이 몸에 밴 한동훈이니 어쩔 수 없다. 몸에 밴 습관을 어찌할 건가?

박범계가 법사위에서 미국 출장비로 시비 걸었던 적이 있었다. 결국 일등석을 비즈니스로 낮추고 수행원도 줄여서 경비를 절약한 법무부 장관 한동훈의 미담만 발굴해 준 셈이 되었다.

후원금 반납은 다른 정치인들도 하는데 아무도 그걸 알리지 않는다. 알리지 않으니 기사화될 일도 없다.

내가 강조하고 싶은 것. 후원해 주신 국민에 대한 예의와 존중이다. 그리고 소통도 있다.

나는 후원자의 한 사람으로서 한동훈의 메시지가 고맙다. 내가 낸 돈이 어떻게 쓰였는지, 얼마나 남았는지, 어떻게 처리되었는지를 알려 주어서 고맙다. 내가 낸 돈을 '피 같은 돈'으로, 나의 마음을 '뜨거운 마음'으로 표현해 주어서 고맙다. 더 좋은 정치를 약속해 주어서 정말 고맙다.

후원한 분들의 경선 패배로 인한 상실감을 어루만지고, 그 후원에 대한 고마운 심정을 소통할 줄 아는 한동훈. 정치인이 이 정도 수준은 되어야겠다. 이 한동훈의 진심이 기사에 담겼으면 더 완벽한 글이 되었을 것이다. 김지훈 기자가 빠뜨린 하나다.

이런 정치인을 위해 내가 할 수 있는 것.

다음 후원 기회를 기다리는 것.

손흥민의 트로피

5월 22일에 북런던에 있었으면 밤새도록 펍에서 공짜 술을 마실 수 있었다. 한국인이니까. 한국은 손흥민의 나라니까.

그날 런던의 펍에서는 모든 동양인에게 한국인이냐고 물었다. 그렇다고 대답하면 누군가가 술을 샀다. 누군가가 산 술을 들고 있으면 또 다른 사람이 묻는다. 한국인이냐고.

토트넘이 17년 만에 우승 트로피를 들어 올렸다. 손흥민이 그 토트넘의 캡틴이다. 우승 트로피 세리모니는 캡틴의 특권이다.

토트넘 팬들은 손흥민이 특별히 고맙다. 해리 케인마저도 떠나간 자리를 끝까지 지키며 결국 팀에 우승을 선사했다. 영국 언론들은 이번 우승을 '손흥민 10년 헌신에 대한 보상'으로 해석한다. 참 고마운 해석이다.

손흥민은 겸손하며 다정함이 몸에 밴 선수이다. 그와 같이 뛰어본 모든 선수가 예외 없이 그를 좋아한다. 팬들의 사인 부탁이나 사진 촬영을 거절하는 법이 없다. 그런 면에서 그의 이미지는 한동훈의 것과 많이 닮았다. 한동훈처럼 말도 진중해서 구설이 없다.

선수로서 개인적인 온갖 영예를 다 차지했지만, 팀의 우승이 없어서 안타까웠는데 마침내 소원을 이뤘다.

이제 캡틴 한동훈의 차례다. 한걸음 한걸음 앞으로 내딛다 보면 결국 기회는 온다. 그 한걸음 한걸음을 동료 시민들이 같이 하니 결코 외롭지 않다.

한동훈이 우승 트로피를 들어올리는 모습을 꿈꾼다.

구어와 문어의 싱크로율. 말하듯이 쓰고 쓰듯이 말한다

전 중앙일보 기자 윤석만. 한동훈 북콘서트 사회를 봤던 그분. 오늘 뉴스엔진에 출연했다.

기자 생활하며 마흔다섯의 나이에 책을 열권 썼으면 이미 보통 사람은 아니다. 꾸준히 자기 계발을 해 나가는 훌륭한 분이다. 이분에게서 오늘 한 가지 배웠다.

바로 '구어와 문어의 싱크로율'이란 것. 한동훈이 짧은 시간 동안에 책 한 권을 쓸 수 있었던 이유를 설명하는 과정에서 나왔다.

말하는 언어, 즉 구어와 글을 쓸 때 사용하는 언어, 즉 문어는 많이 다른데, 한동훈은 말할 때의 언어와 글 쓸 때의 언어가 많이 유사하다고 한다. 그래서 한동훈은 '구어와 문어의 싱크로율'이 높다고 얘기할 수 있고, 이런 분들은 그냥 말하듯이 글을 써 내려가도 훌륭한 문장이 된다고 한다.

이제 알았다. 왜 한동훈의 언어가 품위 있어 보였는지. 그는 글 쓰듯이 말을 했구나!
이제 알았다. 왜 한동훈의 책은 그렇게 단숨에 읽어 내려갈 수 있었는지. 그는 말하듯이 글을 썼구나!

오늘 배운 사실 한 가지.
'한동훈은 말하듯이 쓰고, 쓰듯이 말한다.'

한동훈은 진중하다

한동훈의 말은 진중하다. 생각이 진중한데 말은 더 진중하다. 언론과의 인터뷰는 더더욱 진중하다.

항상 준비가 잘 되어있다. 그보다 중요한 건 그 준비된 것에서 벗어나는 걸 경계한다. 기발한 생각이 나고 말이 유난히 잘될 때도, 그는 절제할 줄 안다. 준비된 것에 머무를 줄 안다.

자기 말에 도취되지 않는다. 그는 사람들이 설화를 일으키는 이유를 안다. 재능 있고 똑똑한 사람들이 어떻게 세 치 혀로 인해 과오에 빠지는지를 안다. 알기 때문에 더욱 경계한다.

오늘 MBN 인터뷰를 보며 한동훈 말의 진중함에 대한 확신이 선다. 안심해도 좋겠다. 천재가 진중함까지 갖추고 있으니.

정치인이 말의 무게를 안다는 것은 중요한 일이다. 한동훈은 말의 무게를 안다. 그래서 진중하게 내려놓는다. 자신도 남도 다치지 않도록.

사면과 탈옥의 차이

사면이란 지은 죄를 용서해 주는 행위이다. 그래서 죄가 없으면 사면은 성립되지 않는다. 죄가 없다고 주장하는 조국을 사면하는 것은 그래서 모순된 행위이다.

양식이 있는 형법학자라면 이 경우 당연히 재심을 청구해서 무죄를 다투어야 한다. 그리고 없는 죄에 내려진 사면에 대해선 당연히 거부하는 것이 양심적인 일이다. 조국에게 양심이 있다면 말이다.

죄를 짓지 않은 형법학자가 범죄 피의자가 되어 유죄판결을 받을 정도면 대한민국 사법 시스템이 매우 잘못된 것이니, 어떤 일이 있어도 바로 잡아야 하는 것이 법학 교수와 법무부 장관을 지낸 자의 책무이다. 재심을 포기함은 그 책임을 저버린 것이다. 그런 책임감도 없는 인간이 정치하겠다고 사면에 기대어 감옥에서 기어 나오는 것은 내가 보아도 '탈옥'이다.

영화 「쇼생크 탈출」에서 가석방 심사위원들 앞에 선 장기 복역수 '레드'가 떠 오른다. 나가고 싶을 땐 계속 거부당하다가 모든 걸 포기하는 순간 가석방된다. 순간의 웃픈 모습을 연기하는 '모건 프리먼'이다. 인생은 이렇듯 모순투성이다.

이재명이 다른 사람의 죄를 용서한다는 것도 참 우습다. 윤석열의 미친 짓이 아니면 지금 구치소와 재판정을 출퇴근하고 있었을 분이 다른 사람의 죄를 사하여 주다니. 그래서 인생이 참 웃긴다.

죄가 없다는 조국이 죄가 있는척하며 사면을 받아들이는 모습은 자신의 정치적 이익을 위해 법을 악용하는 '탈옥'에 진배없다. 한동훈의 비유가 통렬하다.

죄가 없다는 조국이 죄가 있는 척하더니, 한우 처먹고 '된장말이 죽' 드신 척한다.

대한민국 정치꾼들의 연기는 '모건 프리먼'의 연기를 항상 능가한다.

격식을 부숴라

내 눈이 호강했다. 내 눈은 한동훈의 최근 행보를 쫓는 행복을 누렸다. 연극관람, 북토크, 대학생 포럼.

세 행사의 공통점이 하나 있다. 바로 '격식' 혹은 '의례적 절차'라고 번역되는 Formality가 없다. 그래서 행사 자체가 더 참신해 보이는 효과가 있다.

이 세 행사의 특징은 누군가 나와서 장황하게 늘어놓는 축사가 없다. 그리고 참가한 내빈을 하나하나 소개하는 지루함이 없다. 한동훈의 행사에 참가하는 국회의원들은 한 줄 소개도 못 받는다. 다른 정치인의 행사에선 볼 수 없는 관행과 격식의 파괴이다.

법무장관 시절부터 봐 왔던 현상이다. 차 문을 열어주는 관행, 우산을 씌워주는 관행 등을 없애는데 한동훈은 진심이었다. 장관의 업적을 칭송하는 공적서 발간마저 없애 버렸다.

그의 개혁적 정치행보와 잘 어울린다. 시대 교체를 부르짖는 모습과 잘 어울린다.

어제 대학생 포럼에 참석한 많은 국회의원님들은 앉을 자리도 없어 회의 내내 서 있었다. 이런 푸대접받고도 다들 즐거운 모습이라 다행이다.

한동훈식 격식 파괴라고 불러도 될까? 사회 전반으로 좀 확대되었으면 좋겠다. 형식이 쇄신되다 보면 그 내용물들도 차츰 좋아지겠지.

한동훈은 젊은 세대가 좋아할 수밖에 없는 정치인이다.

한동훈이 선사하는 아침의 행복

여느 월요일 아침같이 않다. 장맛비가 그친 후의 화창한 날씨 때문일까. 커피의 향이 오늘은 유난히 진하다.

『김현정의 뉴스쇼』에 한동훈이 출연했다. 오늘따라 그의 멘트 하나하나가 더 진솔하다. 다른 정치인들에게서 신물 나게 느껴지는 가식이 없다. 그는 아직 정치인이 아닌 걸까. 원희룡에 대한 몇 마디 비판조차도 마지못해 하는 느낌이다. 참모진들이 꼭 하라고 얘기했나 보다.

아침부터 기분 좋은 이유는, 정치인이면서도 정치인 같지 않은 한동훈의 모닝 토크쇼 때문임이 분명하다.

김현정은 좋은 앵커이다. 오늘 한동훈이 마음껏 빛났다.

Ich bin ein Berliner
(나는 한동훈의 동료 시민입니다)

"2000년 전, 가장 자랑스러운 말은 '나는 로마 시민입니다.'였습니다. 오늘날, 자유세계에서 가장 자랑스러운 말은 단연 '나는 베를린 시민입니다(Ich bin ein Berliner)'일 것입니다. (중략) 모든 자유민은, 그 사람이 어디에 살든 그 사람은 베를린의 시민입니다. 고로, 자유민으로서, 전 '나는 베를린 시민입니다.'라는 이 말을 자랑스레 여길 겁니다!"

"1963년 6월 26일, 당시 미국 대통령이던 존 F. 케네디가 서베를린에서 한 연설. 냉전 시대를 통틀어 가장 유명한 연설이며, 냉전을 상징하는 연설 중 하나로 꼽힌다. 케네디는 명연설로 동독과 소련에 맞서 서베를린을 지키겠다는 의지를 우회적으로 표현했다. 반응은 열광적이었다. 이날 무려 50만 명이 넘는 시민들이 연설이 있었던 시청 주변으로 쏟아져 나와 케네디를 열광적으로 환영했다. 미국 대통령이 유럽에서 이런 환대를 받은 건 전무후무한 일이다."

케네디는 '베를린 시민'이란 한마디로 베를린 시민과 독일인들을 비롯한 자유세계의 시민들과 깊은 감정적 유대관계를 만들었다.

한동훈은 국힘의 비대위원장으로서 정치에 발을 들이며 '동료 시민'이란 낯선 표현을 우리에게 소개했다.

'동료 시민'은 '국민'에 비해 개개인을 자유와 권리의 주체이자 연대의 대상으로 바라보는 느낌이 많다. 보다 구체적인 권리의 주체임이 느껴지고 그 권리는 서로 평등하게 존중받아야 한다고 느끼게 된다.

번영과 행복이라는 공통된 가치를 추구한다는 느낌도 강하다. 그걸 위해 노력하는 같은 공동체 속의 일원으로서 서로 보살펴야 한다는 느낌도 든다.

이 새로운 표현을 통해 우리들은 한동훈과 정서적 유대관계를 형성할 수 있었다. 케네디가 베를린 시민이란 표현을 통해 세계의 자유민들과 연대했듯이.

한동훈의 '동료 시민'이 새로운 시대에 더 새로운 가치를 추구하는 새로운 의미로써 우리에게 다가왔으면 좋겠다. 이 암울한 시대에 그것만으로 큰 축복이리라.

나는 한동훈의 동료 시민이 되겠습니다

지하철 계단을 내려오는데 어린 소녀가 무거운 여행용 가방을 들고 끙끙댄다. 내 손을 내미는 순간 나는 한동훈의 동료 시민이 된다. 언덕길을 오르는, 골판지가 가득 실린 리어카. 내 손을 내밀어 미는 순간 나는 한동훈의 동료 시민이 된다.

한동훈은 셀카를 거절하지 못한다. 사인 부탁도 거절하지 못한다. 거절하는 걸 본 적이 없다. 동료 시민이 부탁하기 때문이리라. 기자는 오늘도 당사 1층 바닥에 앉아 한동훈을 기다린다. 그가 입을 열면 핫한 뉴스가 되기 때문이다. 끊임없이 이어지는 질문, 한동훈은 미소를 잃지 않고 모든 성의를 다해 답한다. 기자들도 한동훈의 동료 시민이기 때문이다.

동료 시민의 개념을 넓히니 세계시민이 되더라. Global Citizenship 혹은 Cosmopolitanism으로 번역이 가능하다. 우리의 우방 미국의 젊은이들은 세계시민의 한 사람으로 한국전쟁에 참전했고 36,000명이 죽었다. 오늘 현재 우리 카페의 가입자 수보다 많다. 대부분이 어디 있는지도 모르는 나라의 자유와 인권을 위해 싸우다 죽었다. 한국인들을 동료 세계시민으로 생각했기 때문이다.

아프리카 에티오피아에서는 셀라시에 황제가 캉뉴 부대를 보냈다. 2차세계대전 중 이탈리아 파시스트들에 의해 박해받았던 에티오피아인들의 자유와 인권을 생각했기 때문이었다. 캉뉴 부대는 수백 번의 전투에서 한 번도 패하지 않았다. 1명의 포로와 시체도 남기지 않았던 전설의 부대다. 나중에 에티오피아가 공산화되었을 때, 이 참전용사들은 공산정권에 의해 엄청난 핍박을 받았다.

1950년대에 세계 시민의식을 발휘해 주셨던 이분들에게 진심으로 감사한다.

세계시민이 되긴 어렵다. 세계 10위의 경제 대국이 되어도 역시 어렵다. 한국전쟁 때와 똑같은 상황이 우크라이나에서 벌어져도 우리는 적극적인 도움을 주지 못한다.

요즘 부쩍 우리 성장의 지속성, 번영의 영속성에 의심이 간다. 정치가 발목을 잡기 때문이다. 한동훈에게 기대를 걸어보며 좋은 동료 시민이 되겠다고 다짐한다.

한동훈이 아파하는 법

대선에서 이재명이 0.7% 차로 지던 날. 이재명을 지지하던 내 지인 한 분은 식음을 전폐하고 드러누웠다. 꽤 오랜 시간을 아파했던 걸로 기억하는데, 정작 이재명은 그 시간에 주식 투자를 하고 있었다.

방산주에 신규 투자해서 꽤 재미를 보았다고 한다. 모르고 넘어갈 뻔했다. 그가 국회의원 보궐선거 출마를 위해 공직자 재산 신고하면서 들통이 났다. 그때 많은 사람들이 이재명의 멘탈에 혀를 내둘렀다.

고통스러워하는 내 지인의 모습과 돈 벌어 웃는 이재명의 모습이 자꾸 대조되어 떠오르더라. 그의 주위에 있는 여러 명이 세상과 연을 달리했다. 그 죽음들과 이재명이 '셰셰'하며 유세 중 시시덕거리던 모습이 또 대조되어 떠 오른다. 악마는 디테일이다에 더해 악마는 멘탈이더라.

총선 패배 후, 참기 어려운 고통이 나를 덮쳤다. 상처가 쓰라린데 홍준표가 거기에 소금을 뿌려댔다. 윤석열이 홍준표와 부부 동반으로 4시간 만찬 했단 소식에 내 고통은 분노로 변했다.

내 고통과 분노가 이럴진대 한동훈은 어떨까 하는 생각이 들었다. 김규완이 한동훈은 대노가 아닌 극대노라는 얘기를 방송에서 하더라. 좀 안심이 되었다. 분노는 가끔 고통을 덜어주기도 한다.

빨리 훌훌 털고 국가와 민족의 거대 담론을 준비하시길 바란다.

〈 나 자신도 많이 아팠지만, 한동훈 걱정을 많이 했다. 그 당시만 해도 한동훈을 잘 알지 못했기에 걱정을 했던 것 같다. 지금은 그런 걱정을 하지 않는다. 이제 알고 보니 그는 용감한 낙관주의자이다. 〉

내과에 노령환자가 느는 이유

총선 이후 소화기내과를 찾는 환자가 늘고 있다.

입맛도 없고 먹어도 소화가 안 된다는 환자들이다. 대부분 연세가 지긋하신 분들이 많다. 진단은 대부분 신경성 위염이라고 내려진다. 나도 그들 환자 중 한 명이었다.

지기만 하던 총선, 이번에는 이길 것도 같았다. 지난 대선과 지방선거를 이긴 터라 기대치도 높았다. 지난 2년, 의회가 발목을 잡아 개혁 과제를 아무것도 할 수 없었기에 꼭 이겨야만 했던 선거였다.

2월은 행복했다. 한동훈이 구름 관중을 몰고 목련이 피는 4월을 약속했을 때 사람들은 환호했다. 유튜브 라이브 속에서였지만 전국의 전통시장을 돌며 한동훈과 함께했다. 국힘의 지지율이 치솟기 시작했다. 민주당을 따라잡았다. 과반 의석을 차지할 수도 있다는 낙관론이 나오기도 했다.

이종섭, 황상무, 김건희가 선거판을 때렸다. 대통령도 대파 한 단 손에 들고 그에 가세했다. 우세했던 판이 속절없이 무너졌다. 그래도 설마했다.

한동훈의 권유대로 난생처음 사전투표도 했다.

총선 저녁, 출구 조사는 충격 그 자체였다. 술 한잔하고 자리에 누우니 왜 그리 눈물이 나는지. 슬픔은 시간이 지나며 분노로 바뀌었다. 윤 정권을 향한 국민 분노가 얼마나 깊고도 큰지 그때 비로소 알게 되었다. 왜 한동훈이 국민만 바라보겠노라고, 내 답안지가 옳다고 고집하지 않겠노라고, 목이 터져라 외쳤는지 이해가 되었다.

고집과 불통의 윤에 대한 분노가 치민다. 상처에 소금을 뿌려대는 홍준표에 대한 분노도 삭힐 수가 없다. 대통령과 홍준표가 부부 동반해서 4시간 동안 만찬을 했다는 보도에 아연실색했다.

이제 몸과 마음을 추스르며 한동훈이 돌아올 날을 기다린다. 조급해하지 말길 바란다. 생각을 정교하게 다듬어 비단 주머니 몇 개 준비했으면 좋겠다. 더 강해지길 바란다.

반창고 더덕더덕 붙인, 떠나는 차창 밖으로 흔들던 그의 손을 생각한다.

〈 '위드후니'에서의 첫 번째 글이다. 총선이 패배로 끝나고 상실감으로 몸과 마음이 피폐해졌다. 그 상실감을 극복하기 위해 '위드후니'에 가입했다. 나 같은 사람들이 많았다. 당시 3만 명 남짓하던 회원 수가 얼마 가지 않아 9만 명을 돌파했다. 〉

'팀 한동훈'이 싸우는 법

한동훈은 합리적 보수를 재건하고 이끌 리더라고 생각한다. 내가 여기서 '팀 한동훈'이라 부르는 것은 합리적 보수를 표방하는 혁신계 정치인들과 그 지지자들을 일컫는다.

요즘 합리적 보수주의자들이 공통적으로 느끼는 것이 하나 있다. '팀 한동훈'은 머릿수가 적은데도 큰 목소리를 내고 있다는 사실이다. 혼자 민심 경청에 나선 한동훈에 대한 언론 매체의 보도, 흔히 얘기하는 'Share of Voice'가 국힘의 장외집회에서 나오는 목소리보다 작지가 않다.

왜 이런 일이 생길까? 단순히 한동훈의 개인기 때문일까? 며칠 전 어벤져스 송영훈의 말에서 그 해답을 찾았다.

송영훈은 이현종을 이을 최고의 보수논객이 될 것 같다. 한동훈이 인정한 디테일에 강한 그다. 그의 논평은 타의 추종을 불허한다. 그가 9월 28일 이현종과의 어벤져스 방송에서 한 말을 여러분들과 나누고 싶다. 방송 말미(56분 이후)에 나오는 얘기다.

"머릿수가 부족하면 머리로 이겨야 한다. 머리로 싸운다는 것은 결국 말의 전쟁에서 이기는 것이다. 정치는 기본적으로 말로 하는 것이기 때문이다. 당의 지도부에서 하는 말들은 언론에서 보도해 주지만 관성적으로 내뱉는 모든 말이 메시지가 되지는 않는다."

"두 가지 중 하나는 만족시켜야 한다. 정곡을 찌르거나 아니면 국민의 심금을 울리거나. 뭔가 마음에 꽂히는 그런 메시지를 담아야 한다. 지금 국민의힘 장외집회에선 그런 메시지가 없다. 반면에 이재명의 대북 송금 이슈는 한동훈에 의해 다시 리바이벌되고 있다. 정곡을 찔렀기 때문이다."

국민의 심금을 울렸던 메시지로 김영삼의 '닭 모가지를 비틀어도 새벽은 온다'를 들었다. 군사독재의 암울했던 시절에 국민에게 미래와 희망을 선사했던 최고의 메시지로 꼽았다. 야당의 지도자는 이런 메시지를 개발할 수 있어야 한다고 송영훈은 강조한다.

한동훈은 요새 정곡을 찌르는 메시지를 여러 개 내놨었다. 조희대 탄핵을 이재명 탄핵으로 연결시켰고, 자신에 대한 증인 심문 이슈를 이재명과 김민석의 계엄 사전인지 의혹으로 점화시켰다. 이런 정곡을 찌르는 메시지 때문에 큰 목소리 유지가 가능한 것이다.

한동훈에게도 국민의 심금을 울렸던 메시지가 있었다. 그가 대구 엑스포에서 정호승의 시를 인용해 '폭풍우가 지나가기를 기다리는 것은 옳지 않다.'라고 호소했을 때 국민은 63%의 지지로 그에 화답했다.

개인적으로 한동훈의 '심금을 울리는 메시지'에 기대를 많이 걸고 있다. 한동훈의 풍부한 인문학적인 소양 때문이다. 거기에 더해 한동훈 주위에는 인문학적 소양이 풍부한 박상수 변호사, 신성민 작가 등이 포진하고 있어 내 기대를 더 높인다.

이재명 독재의 어둠이 드리워지기 시작했다. 어둠의 색깔은 더 짙어질 것이다. 한동훈의 메시지가 독재에 지친 국민의 마음을 뒤흔들 날이 다가오고 있다. 국민의 심금을 울릴 것이다. 나는 확신에 차서 그날을 기다리고 있다.

한동훈과 문화산책: 거제 밤바다에서 로버트 레드포드를 추억함

여름날 거제 밤바다에 서면 마치 꿈을 꾸는 듯하다. 멀리 대교의 불빛이 물결 위에 흔들리면 나의 상념도 물결 위에 흩어져 버린다. 섬들은 깊은 침묵 속으로 빠져들어 깨어남을 거부한다.

여름밤 거제의 방파제에서 피자 한 판을 시킨다. 쿨러에서 맥주 한 캔 꺼내면 세상에 부러울 것이 없다. 한동훈이 추천한 노래, '바바라 스트라이샌드'가 불러주는 'the way we were'가 있다면 그야말로 완벽한 밤이다.

TV를 보지 않으니 레드포드의 죽음을 알 리가 없다. 한동훈이 라방에서 그의 죽음을 알렸다. 그가 감독한 영화 「흐르는 강물처럼」은 영상미가 가득한 작품이다. 햇빛에 반짝이며 흘러가는 강물은 거제 밤바다의 흔들리는 불빛과 아름다움을 견준다. 마음이 안 좋을 때, 일부러 그 영화를 찾아보면 좋았던 그런 기억이 있다.

그가 출연한 영화는 나도 「위대한 개츠비」가 가장 기억에 남는다. 로버트 레드포드는 참 신뢰가 가는 얼굴을 가졌다. 거짓말을 못 할 것 같은 얼굴과 따뜻한 눈을 가졌다. 약간은 고집스러워 보이는 턱의 선은 결코 악과 타협하지 않을 것이라는 안도감을 느끼게 한다.
한동훈과 가장 닮은 이미지의 배우를 꼽으라고 하면 '로버트 레드포드'를 꼽아도 좋을 것이다. 이지적인 이미지가 많이 닮았다.

한동훈이 민생의 대장정을 시작한다. 정확한 이름은 '민심경청로드'
이다. 그 결과물이 예측 불가하다. 누구도 해보지 않았던 시도이기 때
문이다. 아무런 예측 없이 그냥 지켜보자. 시간이 지나면 윤곽이라도
그릴 수 있을지 모른다.

　새벽이 오면 거제의 섬들이 깨어난다. 안개가 많이 낀 날은 깨어남
이 더디다. 조급할 필요가 없다. 거제의 섬들은 안개 속에 잠든 모습
이 더 아름답다. 모든 것은 때가 되면 피어나고 깨어난다.

　한동훈의 정치도 거제의 섬들도 때가 되면 부스스 깨어난다.

장동혁이 배신한 이유

장동혁이 한동훈을 배신한 이유가 늘 궁금했다. 박상수의 경험담에서 실마리를 찾았다. 그리고 정광재의 'n분의 1' 발언을 듣고 이제 확신이 간다. 장동혁의 성정이 그 원인이라 생각된다.

장동혁은 출세욕이 강하다. 이념이나 옳고 그름보다 출세가 먼저다. 금배지를 달수 있다면 그 정당이 민주당이건 국민의힘이건 문제 삼지 않는다. 보수이건 진보이건 상관하지 않는다. 여의도로 보내 준다면 안민석의 꽁무니 따라다니는 것도 마다하지 않는다.

핵심은 그의 지배욕이다. 그는 주위의 사람을 지배하길 좋아한다. 주위의 사람들과 평등한 관계를 잘 유지하지 못한다. 그의 관계는 항상 '갑' 혹은 '을'의 관계로 설정된다. 주위를 지배하기 위해 정보를 선점한다. 선점한 정보는 동료들과 나누지 않는다. 그는 팀 플레이어가 아니다. 그는 수석 최고위원으로서 다른 최고위원이나 당직자들을 지배하고 싶어 했다. 한동훈 대표의 최측근으로 2인자 노릇을 하고 싶어 했다. 한동훈이 자신에게 모든 것을 지시하고 그 지시가 자신을 통해 다른 동료들에게 전달되기를 바랐다. 박상수가 모르는 게 당연한 사실을 알고 있으면 불쾌하게 생각했다. 이걸 경험한 이후 박상수도 장동혁과 솔직한 의견 나누기를 꺼렸다고 한다. 직장생활을 해본 사람들은 주위에 이런 유형을 많이 본다. 대부분의 사람이 상대하기 싫어하는 유형이다.

문제는 한동훈의 리더십이 민주적이라는 데 있다. 한동훈은 비유적으로 말하면 원탁회의를 좋아한다. 원탁회의에서는 계급이나 직위와

관계없이 대등한 토론이 가능하다. 장동혁은 한동훈이 자기에게 특별하게 대해 주길 항상 바랐지만, 정광재가 증언하듯이 한동훈은 장동혁을 'n분의 1'로 대했다. 완장을 좋아하는 장동혁은 그게 몹시 불만이었던 듯하다.

배신의 이유는 이것 말고도 있을 수 있겠지만. 나는 이런 성정상의 이유가 제일 크다고 본다.

'영토 문제가 있다'와 '없다'

한동훈이 존경하는 건국 대통령 이승만. 그의 업적은 '농지개혁'에만 머무르지 않는다.

1952년 1월 18일, 이승만 정부는 '인접 해양 주권에 대한 대통령 선언'을 발표했다. '이승만 라인' 또는 '평화선'으로 알려진 우리 영해 표기선이 이렇게 확립되었다. 이 라인 안에 독도가 명시적으로 포함되어, 독도가 대한민국의 영토임을 국제적으로 선포하는 효과를 가지게 되었다.

이 선언 이후로 독도는 우리 땅이고, 우리가 실효 지배를 하고 있다. 일본은 이 문제를 국제분쟁화하기 위해 한일간에 '영토 문제가 있다.'라고 주장한다. 반면 우리의 외교적 입장은 '영토 문제는 없다.'이다. 이슈화해서 국제사법재판소까지 끌고 가는 것이 일본의 목표이므로 우리의 전략은 시종일관 '영토 문제는 없다.'이다.

어제도 오늘도 없었던 영토 문제가 이재명의 입 때문에 있는 걸로 되어버렸다.

이재명이 한일 관계에 대한 아사히신문 기자의 질문에 답하면서 일본과는 과거사 문제와 '영토 문제'가 있다고 말했다. 그러면서 "과거사 문제나 영토 문제를 외면하지는 말자, 제 입장은 그런 것이다."라고 했다.

영토 문제가 없다는 우리의 입장을 뒤집어 버렸고, 더구나 '외면하지 말자'라고 강조하는 어처구니없는 일이 벌어졌다. 외교부에서 난감할 듯하다.

기축통화를 모르는 사람이 대통령이 될 때부터 이런 일이 벌어질 것을 예상했었다. 그래서 놀랍지는 않다. 그럼에도 대한민국의 국민은 마음의 준비가 되어 있어야 한다. 튼튼한 심장을 가져야 한다. 이재명이 보여 줄 놀라운 일들은 이제 시작에 불과하다.

문재인은 위험부담이 적었다. 준비해 준 A4 용지를 열심히 읽었다. 이재명은 다르다. 모르는데 아는 척을 많이 한다. 가끔 자기 말에 도취한다. 그래서 필요 없는 말이 튀어나온다.

한동훈과 홍태화의 외교 라방. 그들의 담론은 구름 위를 산책하는 것과 같았다. 이재명의 영토 문제 발언으로 나는 다시 바닥으로 떨어졌다.

그동안 이재명 정권에 대한 비판의 글을 쓰지 않았다. 우리 진영의 허물이 너무 커서 비판의 엄두를 내지 못했다. 이제 써야 할 듯하다. 메아리 없는 국민의힘과 극우 비판에 지쳐버렸다. 그리고 이재명 정권이 너무 방자하다. 조희대를 쫓아내려 난리법석이다.

뜨거운 여름의 열정을 잃은 초가을 햇살이 어설프다.

정치인들이 무너뜨린 대한민국의 윤리

대한민국의 윤리가 무너지고 있다. 대통령을 비롯한 야당의 지도자급 인사가 그 무너뜨림을 솔선하고 있다.

권영세와 이양수에 대해 국민의힘 윤리위원회는 징계하지 않기로 결정을 했다. 당무감사위원회가 3년 당권 정지를 청구했다. 결정을 질질 끌더니 이제야 무죄를 내린단다. 보통의 해당 행위가 아니다. 당원들이 뽑은 대통령 후보를 교체하려 한 혐의다. 그것도 새벽 시간에 도둑질하듯이. 이런 죄가 무죄이면 도대체 어떤 죄가 이 정당에선 유죄가 될 수 있을까. 이 따위 부끄러운 짓을 하니 이재명이 자기 변호사를 유엔대사로 임명하는 염치없는 짓을 서슴없이 하는 것이다.

이재명은 공직선거법 위반 혐의를 변호했던 차지훈을 유엔대사로 임명했다. 차지훈은 이재명의 사법연수원 동기이다. 외교와는 어떤 관계도, 경험도 없는 변호사이다. 참으로 부끄러운 인사이다.

국힘의 윤리위원회 위원장 여상원은 권영세의 대학 동기이다. 권영세가 비대위원장일 때 임명되었다. 여상원은 역사에 부끄러운 이름으로 남게 되었다.

하는 짓이 빼닮은 부끄러운 정치인들.

대한민국의 윤리는 땅에 떨어졌다. 그 일에 정치인들이 앞장섰다.

에토스(Ethos)를 잃은 친윤 정치인들

아리스토텔레스는 『수사학』에서 설득의 3요소를 에토스(Ethos), 파토스(Pathos), 로고스(Logos)로 설명한다.

1700년 전에 쓴 이론이건만 아직도 유효하며 정치학 분야에서 가장 많이 인용되는 이론 중 하나이다.

그중 에토스(Ethos)는 스피커의 신뢰성에 관한 것이다. 연설자에 대한 청중의 신뢰도가 높을수록 설득력도 높아진다. 거꾸로 스피커의 신뢰성이 떨어지면 내용이 아무리 훌륭하고 논리적이더라도 설득이 잘 되지 않는다.

사실 정치란 이 에토스라는 무형의 자산을 차곡차곡 쌓아 나가는 작업이다. 정치는 말과 설득의 업이다. 이 자산이 다 소진되었을 때는 망설이지 말고 은퇴를 선택해야 한다.

친윤들의 에토스가 예외 없이 크게 소진되었고 소진되고 있다.

그만큼 계엄, 탄핵 의결, 탄핵 심판, 윤석열의 구속 등으로 이어진 정치적 이벤트들 하나하나가 충격이 너무 컸다. 대다수의 친윤 정치인은 이러한 이벤트에 대한 책임에서 자유롭지 않다.

계엄의 밤에 국회에 있으면서도 표결에 참여하지 않은 8명은 탄핵 특검의 1차 소환 대상이다. 참고인 조사가 되건 피의자 조사가 되건 정치적 타격이 크리라 본다.

당사에서 대기한 36명은 국회의원의 본분을 망각한 대가를 정치적으로 두고두고 추궁받을 것이다. 그날 밤 행방이 묘연했던 26명의 정치인도 마찬가지다.

결국 계엄 해제 의결에 참여한 18명의 의원을 제외한 나머지 90여 명 중. 한동훈으로부터 월장 만류를 받은 김예지, 해외 출장 중이었던 배현진 등을 제외한 약 80명의 국회의원에 대한 정치적 손실이 진행 중이다. 입고 있는 손실을 체감하지 못할 수 있지만, 다음 총선이 다가올수록 그 손실이 뼈에 사무칠 거다. 우선 내년 지방선거를 거치면서 현타가 올 수 있다.

대다수 국힘 의원이 탄핵 의결에서 당론에 따라 반대표를 던졌다. 그래서 당론을 핑계 삼아 죄의식도 없다. 서로 공범 의식만 있다. 하지만 특검 수사가 진행되고 기소를 거쳐 공판이 진행될수록 탄핵을 반대한 위치에 섰던 의원들의 입지가 좁아질 것이다.

오늘만 해도 두 개의 뉴스가 나왔다. 외환죄 의혹 보도와 삼부토건 의혹 보도가 그것이다. 새로운 의혹이 나오고 새로운 수사 결과가 보도될수록 탄핵 의결 반대편에 선 의원들의 정치적 부담도 커질 것이다. 최소 다음 총선의 경선 과정에서 경쟁자들의 공격에서 자유로울 수 없다.

국힘 의원총회에서 당대표 한동훈에게 무례한 짓을 한 친윤들. 그 이름을 절대 잊지 않을 것이다. 어제 정책위의장으로 임명된 김정재도 그중 하나다. 다음 총선의 경선에서 김정재를 비롯한 무뢰배들을 꼭 심판할 것이다. 그때까지 김정재의 에토스 자산이 남아있거나 한지 모르겠지만.

탄핵 심판을 전후한 정국에서 극우 집회에 참여했던 친윤들의 에토스 손실도 크다. 전한길과 사진 찍은 걸 두고두고 후회하게 될 것이다. 헌법재판소 앞에서 찍은 사진들도 영원히 증거로 남는다.

마지막으로 소개할 장면이 한남동 대통령 관저 앞이다. 45명의 친윤이 참가했다. 윤석열 체포를 막기 위한 행동이다. 합법적인 법원의 영장 집행을 방해했다는 데 문제의 심각성이 있다. 내란 특검이 수사하리라 본다. 법적책임을 피하더라도 참가한 의원들의 정치적 손실이 클 것이다. 일부 원외 당협위원장들도 마찬가지다. 언론들이 친절하게 많은 사진을 남겼다.

굳이 이 시점에 친윤 정치인들의 에토스 손실을 언급하는 이유는 나경원 때문이다. 나경원은 국힘의 중진의원이다.

로텐드홀에서의 농성 방법도 국민 눈살을 찌푸리게 하지만 더 심각한 것은 나경원의 신뢰성 문제이다. 야당 의원들조차도 중진 나경원을 더 이상 신뢰하지 않는다. 위에서 예로 든 모든 부정적 이벤트에 나경원이 끼어있기 때문이다.

김종혁과 김성태의 비판은 나경원의 뼈를 때린다. 한밤중의 후보 바꾸기 범죄에도 나경원은 침묵했다. 나경원은 따로 윤석열의 부름을 받기도 했다. 한번은 구치소로 한번은 관저로. 계엄 당일 윤석열과 직접 통화하기도 했다. 그러면서도 강적들에서 친윤임을 부인했다.

나경원의 에토스 자산은 다 소진된 것 같다. 그러니 김민석이 찾아와서 조롱하는 거다. '단식하는 것은 아니죠?'라고.

언론사에서 찍은 사진일 것이다. 계엄의 밤에 나경원의 뒷모습을 찍었다. 나경원이 향하는 것은 국회와 정확히 반대 방향이다.

한동훈의 저서 『국민이 먼저입니다』 제1장 한동훈의 선택, Part 1 계엄의 밤, 3편 '국회로 함께 걸어가다'에서 한동훈이 걸어가는 길은 나경원과 반대이다. 그의 방향은 국회이다. 여러 정치인이 그의 뒤를 따랐다. 그걸 언론이 사진 찍었다. 이 사진은 그날 한동훈 뒤를 따랐던 정치인들에게는 훌륭한 에토스 증거이다.

나는 한동훈의 책을 읽고 독후감을 썼다. 아래는 국회 앞길을 건너는 장면에 관해 쓴 것이다.

"3편 '국회로 함께 걸어가다'에서 국회 앞길을 건너 성큼성큼 국회로 향하는 거인의 모습을 본다. 카메라가 달빛을 진 그의 실루엣을 담는다. 컷!"

누군가 한동훈에 대해 다큐를 찍을 기회가 있을 때 위의 장면을 제가 서술한 대로 잘 살려 주었으면 한다. 목숨 걸고 국회로 향하는 거인의 걸음걸이다.

나경원의 농성 때 옆에 서 있던 정치인들을 유심히 본다. 김민석이 방문했을 때 보니 오른쪽에 김미애, 왼쪽에 김민전이다. 김민석과의 대화내용도 저질스럽다. 나경원의 에토스 자산이 더 깎이는 이유이다.

여기서 아리스토텔레스의 이론 중 에토스 부분을 부연 설명한다. 나경원의 주장 내용에 상관없이 스피커가 나경원이어선 안된다는 얘기다. 법사위원장을 야당에 배정하라는 주장은 타당하다. 문제는 스피커의 신뢰성이다. 현재 정국에 큰 책임이 있는 나경원이다. 국회의원들 설득은커녕 국민도 설득이 되지 않는다. 그러니 민주당이 귀를 기울일 리가 없다.

다음 총선 동작을에서 나경원은 이길 수 없다. 경선도 어려울지 모른다. 국회를 등진 그녀의 사진 속 실루엣이 너무 선명해서 경쟁 정치인이 이용하기 딱 좋겠다. 동작을 지역의 구의원, 시의원들이 책임 당원 모집을 방해하는 모습도 언론에 보도가 되었고 경쟁자가 써먹기 딱 좋은 모습을 갖추었다.

에토스 자산이 소멸한 친윤 정치인이 나경원 하나뿐이 아니라는데 문제가 있다. 윤상현, 권성동, 권영세 등 수십 명이다. 이들이 반성과 사과도 없이 당무를 보고 있으니, 국민이 이 정당을 지지할 리 없다.

내란 특검, 김건희 특검으로부터 설혹 살아서 돌아오더라도 에토스가 소진된 이들이 다음 총선에서 국민의 선택을 받을 가능성은 없다. 경선 과정과 본선에서 경쟁자들에게 좋은 먹잇감이다.

역설적으로 다음 총선은 국힘의 정치신인들에게는 좋은 기회다. 에토스가 다 소진된 친윤들의 대거 경선 탈락을 예상한다. 청년 정치인들은 지금부터 준비 잘하시길 바란다.

그래서 인적 쇄신은 필연적으로 될 것이다. 당내에선 어물쩍 넘어갈 수 있을지 몰라도 국민이 결국엔 다 잡아낸다. 송언석이 혁신하겠다고 말할 때 국민은 송언석의 입을 보지 않고 그의 에토스 게이지를 본다. 그리고 그의 옆에 서 있는 다른 친윤들, 유상범, 김정재, 정점식을 본다. 그래서 금세 안다. 혁신은 없다.

이제 계엄과 탄핵에 대한 반성과 사과도 너무 늦은 감이 있다. 인적 쇄신이 있어야 한다. 친윤들 총선 불출마 선언 정도는 있어야 한다. 안철수 혁신에 대한 기대는 없지만 지켜보겠다. 혁신이 강도 있게 진행되어야 한동훈의 등장이 가능하다.

오늘 갤럽의 국힘 지지율이 22%이다.

밀랍으로 만든 날개

이카로스 신화는 탐욕과 오만으로 인해 비극적인 결말을 맞는 이야기이다. 아버지 다이달로스의 경고를 무시하고 태양을 향해 너무 높이 날아갔다가, 밀랍 날개가 녹아 추락하는 이카로스의 모습은 자신의 능력과 한계를 망각한 오만함의 위험을 보여 준다.

아버지 윤기중은 아들 윤석열을 잘 이해하고 있었다. 다이달로스가 아들 이카로스를 이해하듯이 윤기중은 아들의 능력과 한계 그리고 무엇보다 오만한 성정을 잘 알고 있었다. 그래서 세상 떠나기 전 친지 이종찬 광복회장에게 아들을 부탁했다. 결과적으로 소용없는 일이 되었지만.

윤석열의 오만과 고집이란 밀랍으로 만든 날개가 결국 녹아내렸다. 이카로스가 에게해에 추락했다면 윤석열은 서울구치소에 추락했다. 그보다 더 저급한 부인 김건희와 함께한 동반 추락이었다.

젊었을 때 노동운동을 했다고 고용노동부 장관으로 임명을 한 윤석열이나 그 직을 수락한 김문수나 유치 몽매하기는 마찬가지다. 의자에서 일어나지 않았다고 대통령 후보로 추대한 극우 지지자들이나 그를 수락한 김문수나 수준이 비슷하다.

단일화 사기 쳐서 대통령 후보가 되는 그의 탐욕을 보았다. 수시로 말을 바꿔가며 당권을 잡고 싶어 하는 탐욕을 다시 확인할 수 있었다. 그의 밀랍 날개는 결국 녹아내렸다. 노욕이란 밀랍으로 만들어진 날개였다.

장동혁의 추락을 예상한다. 그의 탐욕을 알기 때문이다. 그에게 있어 출세와 권력은 이념보다 중요하다. 민주당 공천을 실패하면 국힘 공천을 받는 것이 다른 사람은 몰라도 그에게는 참 자연스러운 일이다. 안민석을 따라다니다 한동훈을 따라다니는 일도 장동혁이 하면 참 자연스럽다. 자신을 후원했던 지지자들에게 삿대질하는 것도 그가 하면 참 어울린다. 한동훈에게서 김문수로, 그리고 김문수에게서 한덕수로 바뀌는 변검이 무엇보다 그에게 잘 어울린다.

장동혁이 날개를 달았다. 그가 단 날개도 이카로스의 밀랍이다. 끝없는 배신과 변신, 위장의 밀랍으로 만들어진 날개이다.

장동혁의 밀랍이 녹기 시작했다. 연합통신과의 인터뷰에서 '패널 인증제'를 얘기할 때 눈치챘다. 밀랍이 녹는 메스꺼운 냄새가 났다. 정상적인 사람의 추락을 보는 일은 유쾌한 일이 아니다. 장동혁의 추락은 다를 것이다.

그의 추락을 유쾌하게 지켜볼 준비가 되어 있다.

한동훈과 문화산책: 투키디데스의 함정

홍태화와 라방 토론에서도 '투키디데스'는 어김없이 소환되었다. 각종 외교에 관한 토론에서 이 역사가는 더 자주 소환될 것 같다. 신흥강국 중국과 그를 견제하는 패권국가 미국의 충돌을 설명하는데 '투키디데스의 함정'만큼 전통적이면서도 적절한 이론은 없을 것이기 때문이다.

투키디데스는 역사가이다. 아테네의 장군이었으며 실제 펠로폰네소스 전쟁에 참가했다. 역사의 아버지라 불리는 '헤로도토스'만큼이나 역사가로서의 업적이 크다. 역사 연구에 신화적 요소들을 배제하고 사실에 입각한 서술을 시도한 업적을 높게 평가받는다.

'투키디데스의 함정(Thucydides's Trap)'은 국제정치학에서 널리 쓰이는 개념이다. 새롭게 부상하는 강대국이 기존의 패권국가를 위협할 때, 두 국가 간에 전쟁이 일어날 가능성이 높아지는 현상을 의미한다. 이 개념은 투키디데스가 쓴 『펠로폰네소스 전쟁사』에서 유래했다.

『펠로폰네소스 전쟁사』는 한동훈의 애독서이다. 내 기억이 맞다면 유럽에서 열린 세계법무장관회의에 참석하고 귀국한 한동훈의 손에 들려 있던 빨간색 표지의 책이 바로 『펠로폰네소스 전쟁사』이다. 여느 정치인처럼 읽지 않으면서 멋으로 들고 다니는 책으로 오해받기도 했지만, 지금은 그런 오해를 하는 사람은 없다. 그런 오해를 없앤 것이 '라방'의 공헌이기도 하다. 사람들은 이제 한동훈이 독서광이며 책을 진정으로 사랑한다는 것을 안다.

투키디데스는 스파르타와 아테네 간의 펠로폰네소스 전쟁의 원인을 다음과 같이 분석했다.

"전쟁을 불가피하게 만든 가장 진정한 원인은 아테네의 세력 성장에 따른 스파르타의 두려움이었다."

당시 스파르타는 그리스 세계의 오랜 패권국이었지만, 신흥 강국으로 떠오른 아테네의 힘이 점점 커지면서 스파르타는 위협을 느꼈다. 이러한 구조적인 긴장과 상호 불신이 결국 두 나라의 전면전으로 이어졌다는 것이 투키디데스의 분석이다.

'투키디데스의 함정'이라는 용어를 널리 알린 사람은 미국의 정치학자 '그레이엄 앨리슨(Graham T. Allison)'이다. 그는 2017년에 출간한 저서 「예정된 전쟁(Destined for War)」에서 이 개념을 사용하며, 지난 500년간 발생한 16개의 유사 사례 중 12개가 전쟁으로 이어졌다고 분석했다. 이 정도 되면 '투키디데스의 원칙'이나 '법칙'으로 불러도 무리 없을 듯하다.

특히 앨리슨은 이 개념을 현재의 미국과 중국의 관계에 적용하며 큰 주목을 받았다. 미국은 기존의 패권국이고, 중국은 급격하게 부상하는 신흥 강국이다. 앨리슨은 두 나라가 서로 원치 않는 충돌로 치달을 위험이 있다고 경고하면서, 투키디데스의 함정을 피하기 위한 외교적 노력이 필요하다고 주장했다.

두 강대국의 충돌은 필연적이다. 그 사이에서 대한민국의 국익을 찾는 전략을 한동훈과 홍태화는 라방에서 열심히 토론했다. 무려 1시간 반이다.

두 분은 또 그렇다 쳐도 그 재미없는 토론을 처음부터 끝까지 다 듣는 지지자들도 어지간하다. 어떤 분들은 다시 듣기, 또다시 듣기에 도전한다. 자기 전에 듣는 이야기로 활용하시는 분도 있다. 두 사람 목소리가 수면 유도용으로 좋다는 것에 동의한다.

　한 가지 더 말씀드려야겠다. '투키디데스의 함정'을 국가 간의 싸움이 아닌 개인 간의 권력 싸움을 설명하는 데도 활용할 수 있을 듯하다. 여권 내에서 패자 이재명과 신흥 도전자 정청래의 권력 싸움이 볼만하다.

완장 찬 남자, 완장 찬 여자

「완장」이란 소설이 생각난다. 작가 윤흥길에게 현대문학상을 안긴 작품이다. 영화로도 만들어졌다. 저수지 관리인 완장을 찬 동네 건달 '종술'역을 조형기 배우가 연기했다.

하찮은 권력이라도 쥐여주면 휘두르고 싶어 몸살 나는 인간의 속물적 근성에 관한 얘기이다.

살다 보면 그런 속물들을 많이 만나게 된다. 그들에게는 공통점이 몇 가지 있다. 주어진 완장 외에는 별로 내세울 것이 없다는 점이 가장 큰 공통점이다.

국민의힘이 김민수에게 최고위원 완장을 채웠다. 엄격히 얘기하면 극우 지지자들이 김민수에게 완장을 채워준 셈이다.

북한이 서울을 점령하고 제일 먼저 한 일이 동네별로 인민반장을 선발하고 붉은 완장을 채우는 일이었다. 그들이 서울이 수복될 때까지 저지른 일은 우리 전쟁문학 소설에 소상히 기록되어 있다. 김민수가 완장 첫날 회의에서 한 일은 당을 비판하는 인사에 대한 책임을 묻겠다고 경고한 일이다. 당 게시판 건을 당무감사 하겠다는 얘기도 했다. 둘 다 민주사회의 민주정당에서 해서는 안 되는 일이다. 완장을 차면 세상이 달리 보이는 모양이다.

돼먹지 않은 인간들일수록 작은 권력에 집착한다. 내적으로 빈곤한

자들일수록 밖으로 자신의 작은 권력을 과시하고 싶어 한다.

김건희에 대한 많은 비화들이 여기저기에서 공개되고 있다. 김건희도 자기 완장을 과시하는 일을 많이 즐겼던 듯하다. 자신이 가진 권력을 다른 사람이 모를까 봐 초조해했다. 이 사람 저 사람에게 전화해서 필요한 자리가 있으면 자기를 찾으라고 떠벌렸다. 신지호에게도 같은 얘기를 했다고 한다.

김건희는 차고 싶은 것이 많다. 대통령 '영부인'이란 권력의 완장 외에도 명품 시계와 목걸이들이 그리도 차고 싶었나 보다.

김건희와 김민수는 같은 부류이다. 내면이 빈곤하여 완장이나 명품으로 치장하지 않고서는 견딜 수 없는 슬픈 존재들이다.

내면이 충실한 사람들은 완장이 없어도 잘 산다. 정청래처럼 자기 머리에 왕관을 씌울 필요도 없다.

내면이 충실한 사람들은 왕관도 완장도 필요하지 않다. 그들의 세계에선 명품 브랜드가 빛을 잃는다. 명품 대신 빛나는 것은 그들의 지성과 품성이다. 그제 한동훈의 라방처럼 「페르시아 원정기」의 서사가 등장하고 '크세노폰'의 리더십이 평가된다. 중국의 패권주의가 논의되고 헨리 키신저의 「세계질서」를 토론한다. 대한민국의 카드 '조선(造船)'이 어떻게 활용되어야 하는지를 토론한다.

한동훈과 문화산책: 크세노폰 「페르시아 원정기」

국제관계를 공부하는 27살 청년이 한동훈의 외교 자문을 한다. 홍태화는 그런 놀라운 청년이다. 그가 쓴 중국의 패권주의에 관한 글을 읽어보고 다시 놀라게 된다. 27살 청년의 통찰력이 놀라웠다.

한동훈과 홍태화가 펼친 지식의 향연이었다. 외교와 국제관계에 대하여 우리가 현재 직면한 문제를 중심으로 토론을 전개했다. 저 개인적으로 참 행복한 시간을 가졌다고 생각한다. 한동훈과 홍태화의 토론을 보고 나서 오늘 중국 전승절 모습을 지켜보니 감회가 매우 다르다. 한 장의 사진이 많은 외교적 메시지를 전한다.

한동훈이 다음날이면 미국으로 돌아가는 홍태화를 위해 책을 한 권 선물했다. 크세노폰(기원전 428~354)의 『페르시아 원정기』라는 책이다. 이 책의 원명은 『아나바시스』이고 '아나바시스'는 그리스어로 진군(進軍)이란 뜻이다. 이 책의 저자 크세노폰은 고대 그리스의 철학자, 군인, 역사가이며 저술가이다. 소크라테스의 제자로서 플라톤과 경쟁 관계였다.

젊었을 때 페르시아의 내란에 용병으로 참전했다. 페르시아의 '크세르크세스' 황제의 대군에 맞서 싸우는 스파르타의 왕 '레오니다스'와 용맹한 전사들은 페르시아인들에게 깊은 인상을 남겼다. 이 전투는 영화 「300」에서 잘 묘사되었다. 페르시아는 그래서 용맹한 그리스 용병을 선호했다. 용병들을 고용한 왕자 '키로스'가 어이없이 전사하고 그리스군을 이끌던 장군들도 처형당하자, 크세노폰과 용병들은 적진 한복판에 버려졌다. 크세노폰은 지옥 같은 상황에서 대부분의 군사를 살려서 그리스로 돌아왔다.

한동훈이 이미 소개한 위대한 탐험가 '어니스트 섀클턴'에 버금가는 '위기 속의 리더십'을 보유한 사람이 크세노폰이었다.

소크라테스의 제자인 '크세노폰'과 '플라톤'을 비교한 글들이 꽤 많다. 그런 글들을 찾아서 읽어 보는 것도 재미난다. 기원전 400년의 일이다. 크세노폰의 『페르시아 원정기』는 역사서이고 사마천의 『사기』보다 무려 300년 이상 빨리 쓰였다.

지금부터 2400년 전에 이런 리더십과 역사와 인물들을 기록하는 책이 쓰였다는 게 놀랍다.

50대의 정치인과 27살의 국제관계 연구원의 토론은 본 적도 없고, 상상해 본 적도 없다. 젊은 인재에게서도 자문을 받는 정치인의 모습은 정말 아름다웠다.

완장과 명품으로부터 먼, 내면이 충만한 사람들의 지적인 대화를 즐감했다. 김건희나 김민수는 흉내조차 내기 어려운 그런 지적인 교류.

잡초에 준 거름

잡초에 아무리 좋은 거름을 주어도 과실나무가 되지 못한다. 유리는 수백 년 갈고 닦아도 다이아몬드가 되지 않는다. 홍준표가 물고 있는 걸레는 아무리 자주 빨아도 행주가 되지 않는다. 계엄을 어떻게 위장해도 계몽은 되지 않는다.

어떤 화장품으로 떡칠해도 계엄은 하나님의 계획이 아니다. 계엄이라는 흉악 범죄를 계획할 하나님이 아니다. 계엄을 하나님의 계획이라고 주장하는 것은 신성모독이다. 이 땅의 기독교인들을 욕보이는 발언이다.

러닝메이트로 당선된 수석 최고위원이 당대표를 몰아내고 그 자리를 찬탈한 것도 하나님의 계획인지 이 인간에게 묻고 싶다.

세상에, 잡초에게 사기를 당하다니. 사기인 줄 모르고 잡초에게 거름을 후원했다. 그 거름이 아까워 죽겠다.

최악, 차악, 거대 악

민주주의의 꽃은 선택이다. 선택이 없으면 민주주의는 성립하지 않는다. 반면에 선택이 있으면 공산주의는 성립하지 않는다. 선택이야말로 민주주의와 전체주의를 구분 짓는 중요한 행위이다.

결선투표에는 두 개의 불량품만 남았다. 그중 하나를 선택해야 하는 것이 너무 서럽다.

국민의힘에는 최소 63%의 합리적인 생각을 하는 당원들이 있었다. 내가 '최소'라고 말할 수 있는 것은 작년 7월 전당대회 당시는 서슬 퍼런 윤 정권이 살아 움직이고 있었기 때문이다. 김옥균 프로젝트가 작동하고 있었고 정권의 비호를 받는 막강한 후보들이 한동훈의 대척점에 있었기 때문이다. 그런 환경에서 63%의 지지를 얻어 당선된 것은 국민의힘 당내에서 건전한 선택의 메커니즘이 63% 이상 작동된다는 것을 의미했다.

계엄을 거치면서 모든 것이 변했다. 계엄은 국가의 근간을 뒤흔들었다. 국민 전체의 이념 진영이 흔들렸다. 보수의 진영도 무사할 수 없었다. 보수는 더 크게 상처받을 수밖에 없었다. 보수 진영에서 일으킨 계엄이기 때문이다.

보수의 이념 진영이 실제로 많이 바뀌었다. 연세대 복지국가 연구센터와 한국리서치가 올해 5월 28일 발표한 '수면 위로 떠오른 극우: 한국 사회 극우의 현주소' 보고서에 따르면, 한국 사회에서 극우 성향으로 분류될 수 있는 사람의 비율은 '21%'로 나타났다. 불과 몇 달 전 같은 주제로 글을 올린 적이 있었다. 그때 올린 추정치가 15%였다. 극우의 비율이 빠르게 늘고 있음을 알 수 있다.

계엄을 거치면서, 그리고 반성하지 않는 국민의힘 지도부를 보면서 많은 합리적보수 세력이 당을 떠났다. 남아있는 책임 당원들은 흔히 '짠물'이라고 불린다. 계엄이라는 태양의 폭발에 합리적 보수라는 수분은 다 날아가 버리고 진한 소금물만 남았다.

합리적 보수가 외면한 전당대회에서 남은 최종 후보는 차마 양심상 찍을 수 없는 불량품들이다. 결선의 투표율이 예선보다 낮을 거라 그렇게 예상하고 있었다.

그런 순간에 한동훈이 페이스북에 민주주의는 '최악을 피하기 위한 최선의 제도'라며 "당대표 결선투표에 적극 투표해서 국민의힘이 최악을 피하게 해 달라"고 호소했다.

그동안 한동훈은 국민의 눈높이에 맞추자고 정치권을 독려해 왔는데, 이제 국민의힘 정치 수준에 우리 지지자들의 눈높이를 낮추어야 하는 상황에 이르게 되었다. 최악을 피하고자 차악을 선택해야 한다. 이 말을 페이스북에 올리는 그의 심정은 찢어졌으리라 짐작한다. 그의 짤막한 메시지를 읽는 내 마음도 찢어졌다.

이재명 정권은 '거대 악'이다. 혹시나 했는데 어제 '노봉법'을 통과시키며 '거대 악'임을 고백했다. '거대 악'을 견제하기 위해 '최악'이 아닌 '차악'을 선택하라는 말씀. 찰떡같이 알아듣고 철저하게 수행했음을 보고드린다.

한동훈과 문화산책: 낙관주의야말로 진정한 도덕적 용기다

나는 낙관주의라는 단어에 편견을 갖고 있었다.

진정한 '낙관주의'와 책임을 회피하는 태평스러운 삶의 자세를 혼동하고 있었다.

그래서 한동훈이 라방에서 '낙관주의야말로 진정한 도덕적 용기이다.'라는 말과 함께 '어니스트 섀클턴'을 소개했을 때 그냥 무덤덤하게 지나갔다.

낙관주의는 단순한 희망이 아니라, 고난과 위험 앞에서도 굴하지 않고 앞으로 나아가는 진정한 도덕적 용기로 볼 수 있다. 진정한 낙관주의자는 불운이나 가난, 모욕과 비방 앞에서도 굴하지 않는 사람이다. 어떠한 고난도 딛고 일어나 '이 정도쯤이야.'라고 말할 수 있는 사람이다. 순수한 의지의 힘으로 희망을 향해 전진하는 사람이다.

한동훈은 진정한 도덕적 용기를 지닌 낙관주의자로 '어니스트 섀클턴'을 소개한다. 어니스트 섀클턴을 알게 되었을 때 비로소 한동훈의 낙관주의를 이해할 수 있게 되었다.

어니스트 섀클턴은 남극 탐험 역사상 가장 위대한 리더 중 한 명으로 꼽힌다. 탐험가로서 남극점 도달에는 실패했지만, 절망적인 상황 속에서 대원 27명 전원을 무사히 귀환시킨 위대한 리더십 덕분에 존경을 받는다. 그의 탐험은 흔히 '위대한 실패'라 불리며, 오늘날 그의 리더십은 하버드 비즈니스 스쿨 등 세계 유수의 경영대학원에서 '위기 상황에서의 리더십'을 가르치는 사례로 활용되고 있다. 목표 달성에는 실패했으나, 모두의 생명을 구한 그의 업적은 단순한 성공보다 더 큰 의미를 갖는 '위대한 실패'로 역사에 기록되었다.

자그마치 634일이다. 남극의 빙벽에 갇혀 바다표범을 잡아먹으며 생존한 기적 같은 얘기다. 한 사람의 인명피해도 없이 무사 귀환한 믿기 어려운 얘기다. 훌륭한 리더십이 어떤 것인지를 웅변으로 얘기한다.

정반대의 리더십도 생각이 난다. 모비딕의 외다리 선장 '에이허브'이다. 그는 분노와 집착의 리더십으로 모든 선원의 목숨을 거두어갔다.

'에이허브' 선장을 얘기하니 윤석열이 등장하지 않을 수 없다. 그도 분노와 집착의 리더십으로 주위의 모든 것을 파멸시켰다. 그와 가까웠던 모든 사람들의 인생이 망가졌다.

리더십에 따라 주변 사람들의 인생이 달라진다. 암울한 시간 속에서 한동훈의 리더십 출현을 기다린다. 이재명과 윤석열이 만든 암흑시대의 빙벽을 헤치고 나갈 낙관주의자 한동훈의 리더십을 기다리고 기다린다.

내가 하는 거짓말

이재명이 대통령이 되었다.

내 주위에 그를 찍은 사람들이 많다. 그들을 만나면 나는 의연하게 말한다.
"좋은 대통령이 되어야지요. 이재명이 잘하길 바라요."

진심으로 그리 생각했다. 이재명이 못하는 것보다 잘하는 게 대한민국에 유리하다. 그리고 국민에게 유리하다.

친구들이 이상하다고 수군거렸다. 찐 보수이고 한동훈 지지자인 내가 이재명이 잘하길 바란다니.

이상한 것은 수군대는 자들이다. 어떤 대통령이든 잘하면 대한민국에 이로운데. 못하길 바랄 이유가 하나도 없다.

그런데 이상하다.

이진숙, 강선우, 최동석 등 문제아들이 이재명과 함께 오래오래 근무해 주길 내심 바라는 나 자신을 발견했다. 총무비서관 김현지랑 문고리 3인방이 더 이재명을 밀착 수비 해주길 바라고 더 인사를 개판으로 해주길 바라는 나를 발견했다. 이재명 주위에 무능력하고 인성 나쁜 자들이 더 득실거리길 바라는 내 마음을 알게 되었다. 정청래가 당대표가 되니 기쁘기 짝이 없다.

이재명이 잘하길 바란다면서, 논리적 모순이 아닌가?

스스로 이 논리적 모순을 발견했다. 그리고 곰곰이 이 모순점에 대해 생각해 보았다.

'이성적으로는 이재명이 잘하길 바라지만 감정적으로는 이재명이 잘되길 바라지 않는다.' 그게 결론이다. 내면 깊숙한 곳의 정직한 소리는 '이재명이 잘되길 바라지 않는다.'이다.

내가 주위에 했던 얘기는 결국 거짓이었다.

자리를 탐하는 자, 일을 탐하는 자

한동훈이 여러 번 얘기했다.

"살아오면서 뭐가 되고 싶다는 생각은 별로 해본 적이 없다. 무엇을 하고 싶다는 생각은 해 본 것 같다. 공공선을 실현하기 위한 그런 공적인 일을 해보고 싶었다."

정치인의 이런 고백은 처음이다. 뭐가 되고 싶다는 생각을 해 본 적이 없다니. 위인들은 일찍이 뭐가 되겠다는 목표를 세우고 부단히 노력했다고 들었는데.

박정희는 나폴레옹을 동경했다. 군인의 길을 가고 싶어했다. 김영삼은 어릴 때부터 대통령이 되겠다고 책상에 써 붙이고 매일 되뇌었다고 한다. 정치인에 대해 이런 종류의 얘기만 듣다가 한동훈의 얘길 들으니 꽤 생소하다.

다른 정치인이 말했으면 믿지 않았을 터인데 한동훈이 얘기하니 진지함이 묻어난다. 계엄과 탄핵의 파고를 그와 함께 경험하며 이제 안다. 한동훈의 말은 거짓이 없고 과장조차 못한다는 걸. 그런 믿음이 있었기에 한동훈의 불출마를 예견할 수 있었다. 이룰 수 있는 것이 아무것도 없는 그런 자리를 한동훈이 탐할 리 없다고.

김문수는 옛날 정치인이다. 공백 기간이 길었다. 그동안 그는 자통당 대표도 지냈다. 자통당 대표를 하며 보수 정치에 어떤 족적을 남겼는지 모르겠다. 내가 아는 것이라곤 전광훈 구속 때 눈물 흘린 것뿐이다.

퇴역 정치인들이 집회를 했다. 요상한 단체들이 후미진 동네에서 집회를 했다. 둘 다 대선 패장 김문수를 당대표 선거에 불러내는 집회였다. 쌍팔년도에 정치인들이 애용하던 초식이었다. 정말 오랜만에 본다.

이들 집회를 당대표 선거 출마의 명분으로 삼았다.
나올 마음 전혀 없었는데 주위에서 나오라고 해서 나왔단다. 국민이 불러 나왔단다. 이 역시 옛날 초식이고 이런 초식을 구사하는 김문수는 꽤 진부하고 교활하다.

김문수는 뭘 하고 싶다고 말하는 걸 본 적이 없다. 이재명 총통을 막겠다는 것 말고는.

한동훈은 하고 싶은 것도 많고 이루고 싶은 것도 많다. 그는 일을 탐하는 자다.

김문수는 하고 싶은 것도 없고 이루고 싶은 것도 별로 없지만 당대표는 꼭 하고 싶어 한다. 그는 자리를 탐하는 자다.

'다구리'가 일상인 정당

비대위에서 회의를 마치고 나오는 윤희숙에게 기자들이 물었다. "회의 결과는?"

"그냥 '다구리'였다."라는 짤막한 대답. 대답은 짧지만, 회의 분위기를 짐작할 수 있게 만드는 것은 '다구리'라는 험한 단어였다.

'다구리'는 여러 명이 한 명을 집단으로 폭행하거나 괴롭히는 행위를 의미하는 속어다. 속어이지만 엄연히 사전에 등재된 표준어. '다구리'는 '이지메'나 '왕따'처럼 '집단적인 괴롭힘'을 뜻하지만, 보다 물리적인 괴롭힘, 즉 폭력행위를 동반하는 경우를 나타낸다.

원래 폭력배나 부랑배들 사이에서 쓰이는 언어다. 조선 최고의 싸움꾼으로 이름을 날렸던 시라소니가 있었다. 그런 시라소니조차도 정치깡패 이정재의 동대문사단에 '다구리 당했다.' '다구리에는 장사가 없다.'라는 말이 그냥 있는 게 아니다.

'다구리'가 벌건 대낮에 폭력 집단이 아닌 대한민국의 제 1야당(얼마 전까지 여당이었던)의 비상대책위원회에서 벌어졌다는 데 문제의 심각성이 있다. 얼마나 심했으면 윤희숙이 '다구리를 당했다.'라는 표현을 썼을까? 송언석의 비대위에는 짐승 같은 친윤들이 그득하다. 그리고 친윤들이 윤석열이란 부랑배와 함께한 세월은 전부 '다구리'의 역사이다. 그들은 끊임없이 누군가를 다구리했다. 윤희숙이 다구리를 당한 일은 나도 예상했었고 본인도 예상했었으리라 생각한다.

국민의힘 '다구리의 역사'는 윤희숙의 하루에 그치지 않는다. 지금까지 1년 반 한동훈의 정치 역사는 다구리를 빼고는 말할 수 없다. 친윤들에게서 다구리 당하고 쫓겨나기를 반복했던 역사이다.

2024년 12월 의원총회에서 한동훈에 가한 '다구리'는 그의 지지자인 나에게 큰 상처로 남았다. 그날 한동훈에게 가한 욕설과 고함, 던져진 물병들을 내 기억의 창고에 고스란히 저장해 두었다.

윤희숙의 혁신을 애초에 믿지 않았다. 안철수의 혁신과 마찬가지 이유다. 그렇더라도 7개 파렴치한 범죄행위에 당 게시판 '논란'을 하나 끼워 놓은 건 너무 부자연스럽다.

그래도 4명에 대해 인적 청산을 처음으로 언급한 용기를 사고 싶다. 친윤이란 단단한 벽에 드디어 균열을 일으켰다. 8월 22일 전대까지 그 균열이 더 커지길 바란다.

어제 해병 특검은 이철규를 압수수색 했고, 김건희 특검은 권성동을 압수수색 했다.

국민의힘은 이제 폭풍 속으로 들어갔다.

한동훈과 문화산책: 티셔츠 덕후

박상수가 글을 올려서 알게 되었다. 한동훈이 티셔츠 덕후라고. 그래서 한동훈이 이 책의 제목을 보는 순간 사지 않을 수 없었다고 얘기했구나.

『버릴 수 없는 티셔츠(70장의 티셔츠, 70가지 이야기)』

저널리스트 '쓰지키 교이치'가 70장의 티셔츠와 70개의 스토리를 수집했다. 교이치도 한동훈만큼 티셔츠 덕후였나보다. 이런 식으로도 스토리가 모이고 책이 만들어지는구나.

이 책에 소개한 70개의 티셔츠와 70개의 사연을 한동훈이 읽다 보니 진 세버그(Jean Seberg)라는 배우 얘기가 나온다. 한동훈이 좋아하는 배우였다. 이렇게 얘기는 티셔츠에서 진 세버그로 옮겨간다. '장 뤼크 고다르' 감독의 영화 「네 멋대로 해라」에 주연으로 출연했다. 한동훈이 기억하는 영화 속 주연 '파트리샤' 역이었다. 그리고 세버그의 상대 '미셸' 역은 그 유명한 '장폴 벨몬도'가 맡았다. 이 영화는 영화사에 기록될 만큼 기념비적 작품이고 한동훈이 적극 권하는 영화이기도 하다.

'진 세버그'는 24세 연상의 유명한 작가 '로맹 가리'와 결혼한다. 한동훈이 라방에서 언급한 『새들은 페루에 가서 죽다』는 로맹 가리의 소설인데 가리가 직접 감독을 해서 영화로도 만들었다. 제목만 듣고도 확 끌리는 이 영화는 흥미롭다. 새들이 왜 멀리 날고 날아 리마의 해

변까지 날아와 죽는지 그 이유를 알 수가 없다.

　로맹 가리는 '에밀 아자르'라는 이름으로 소설『자기 앞의 생』을 발표하고 두 번째 콩쿠르상을 수상한다. 이 소설의 일독을 한동훈은 권한다. '로맹 가리'와 '에밀 아자르'가 같은 작가라는 걸 사람들은 알지 못했다. 가리가 자살한 후 남긴 유서를 통해 사람들은 그가 그라는 걸 알게 되었다.

　로맹 가리는 우크라이나에서 태어난 유대인이다. 영화「지붕 위의 바이올린」에 나오는 그 동네 사람이다. 그는 이제 프랑스와 프랑스 국민이 좋아하는 대문호이다. 세버그와 만나 사랑에 빠질 때만 해도 그는 그리 유명한 작가는 아니었다.

　진 세버그는 흑인 인권운동에 적극 참여했다. 반전주의자이기도 했다. '블랙 팬서'라는 흑인 과격단체를 지지했던 이유로 미국 정부로부터 많은 탄압을 받았다. FBI 국장 '에드가 후버'의 탄압이 심했다. 그녀의 평판을 떨어뜨리기 위해 세버그가 임신한 아이의 아버지가 로맹 가리가 아닌 '블랙 팬서'의 운동원이라는 마타도우까지 퍼뜨렸다. 자살로 알려진 그녀의 죽음이 FBI에 의한 타살이라는 설도 무성하다.

　세버그는 '워렌 비티'와 영화「릴리스」를 찍으며 그와 불륜관계였다는 이야기도 있으나, 불행은 '클린트 이스트우드'와 영화「페인트 유어 웨건」을 찍으면서 시작되었다. 이스트우드는 모든 영화에서 모든 여배우와 염문에 빠진 바람둥이였다. 세버그는 이스트우드와 결혼하기 위해 로맹 가리에게 이혼을 제안했지만 이스트우드는 곧 다른 여자를 찾아 떠났다. 가리가 이스트우드에게 결투를 신청했지만 거절당했다. 세버그는 알코올과 약물에 의존하게 되었다. 파리 교외의 차 안에서 그녀는 숨진 채로 발견되었다.

세버그가 죽은 지 1년 후 로맹 가리도 자신의 입속에 권총을 넣고 방아쇠를 당겼다. 세버그가 먼저 떠난 페루 리마의 해변으로 그도 새가 되어 날아갔다.

"하루라도 책을 읽지 않으면 입에 가시가 돋는다." 안중근 의사의 명언이다.

한동훈의 입에 가시가 돋을 일은 절대 없을 듯하다. 그는 다독을 한다. 그가 다양한 삶을 이해하는 것은 독서에서 나온다.

그의 언어는 향기롭다. 다독으로 인해 생겨난 인문학의 향기이다. 나는 오늘도 그의 말에서 나오는 향기에 취한다. 다른 어떠한 정치인에게서도 느낄 수 없는 것들이다.

그의 인문학을, 그의 문화 취향을 끝까지 한번 따라가 보기로 했다.

조삼모사(朝三暮四)

한동훈이 라방에서 소개한 고사이다.

송나라 때 사람이 원숭이를 여러 마리 키웠다. 어느 날 지급하던 도토리 수를 아침에 3개, 저녁에 4개로 조정한다 하니 원숭이들이 화를 냈다. 그러면 아침에 4개, 저녁에 3개로 바꾸겠다 하니 좋아하며 받아들였다.

이런 걸 조삼모사라 한다. 이러나저러나 결과는 같은 것인데 사람과 원숭이들을 호도한다.

러시아와 우크라이나 간에 전쟁이 터졌다. 세계의 곡물 가격이 천정부지로 솟아 올랐다. 식품회사들의 손익계산서에 빨간 등이 커졌다. 방법은 가격 인상뿐인데 정부 눈치도 봐야 하고 소비자들 눈치도 봐야 한다. 그래서 생각해 낸 게 용량을 줄이는 거다. 실질적인 가격 인상이다. 식품회사들이 용량을 줄여서 국민을 강제 다이어트시켰다. 조삼모사의 좋은 예이다.

포퓰리스트 이재명이 대통령이 되고 나서 첫 번째 한 일은 국민 모두에게 현금 뿌리기였다. 현금 미처 찾아 쓰기도 전에 증세 얘기가 나온다. 증권거래세, 법인세, 대주주 양도소득세 기준 인상하겠단 얘기이다. 이재명이 선심 쓰며 준 돈을 결국 내가 세금을 더 내서 다시 갚는다. 조삼모사의 더 좋은 사례이다.

조삼모사를 우리 속담으로 표현한다면 어떤 게 좋을까. '눈 가리고 아웅' 정도면 뜻이 통할까?

국민이 원숭이 취급당했다.

'한도운' 주연의 연극 '계엄의 밤'

　신성민 작가가 연극 시나리오를 썼다. 주연인 여당 대표 '한도운'의 계엄 이야기를 연극무대로 올린다. 실제로 연극의 제목이 뭐가 될지는 아직 모르겠다.

　한동훈과 계엄, 그 문학적 내러티브를 어떻게 풀어낼지 못내 궁금하다. 한동훈의 시각으로 본 계엄은 그의 저서『국민이 먼저입니다』에 소개가 되었지만 신 작가는 다른 누구의 시각으로 계엄을 바라볼지 궁금하다.

　소설로 등단한 작가가 소설이나 다큐멘터리가 아닌 연극을 택한 이유도 궁금하다. 책이나 다큐멘터리보다 더 직접적이고 현장감 있는 방식으로 관객과 소통할 수 있기 때문이리라. 그것이 연극의 장점이다.

　'윤석광' 대통령, 추경호 원내대표에게 어떤 변명의 기회를 줄 건지 궁금하다. 그리고 한도운과 함께 계엄의 밤에 국회로 진입한, 김종혁, 박상수, 송영훈에게 얼마나 대사의 분량이 주어지는지도 궁금하다.

　그저 모든 게 다 궁금하다.

　연출가, 극단, 배우를 섭외 중이라 한다. 무대에 올리는 시간은 11월 중순 이후. 계엄 1주년을 앞두고 대박의 연극무대가 시작되길 바란다. 계엄의 쓰라림을 연극을 관람하며 해소할 수 있기를. 신 작가의 예술적 감각이 다큐 속으로 스며들어야 비로소 롱런할 수 있는 연극이 될 것이다.

기대 만땅이다.

〈 연극이 연기되었다. 내란 특검이 진행되는 가운데 연극무대에 올리는 것이 너무 민감한 이슈로 받아들이기 때문이다. 그럼에도 언제 막이 오를지 모를 이 연극에 대한 기대가 크다. 〉

테오도라 망상

"테오도라를 아십니까?" 대통령실의 한 참모가 최경운 기자에게 물었다.

어느 날 윤석열이 동로마제국 시절 황제와 권력을 공유했던 황후 얘기를 꺼냈고, 한 참모가 '테오도라 이야기'라는 걸 알고 호응을 했다고 한다.

테오도라는 동로마제국 황제 유스티니아누스의 부인이다. 그리스정교에서 성인의 한 사람으로 추앙받는 인물이고, 황후로써 황제에 버금가는 권력을 누렸다.

윤석열이 부인 김건희와 권력을 공유하는 망상을 했던 모양이다. 그러니 누군가가 그의 귓속에 속삭여주던 테오도라 이야기에 솔깃할 수밖에 없었다. 김건희를 '대선 승리의 일등 공신'으로 생각한다는 얘기를 자주 주위 사람들에게 했었다. 테오도라 얘기를 참모들과 나눈 것으로 봐서 김건희와의 권력 공유를 대선 논공행상 정도로 생각했을 가능성이 있다.

공식적인 권력 공유라는 망상은 실현될 수 없었지만, 대통령실의 친김건희라는 사적인 조직을 이용해 국정에 여러모로 관여할 수 있었다. 한동훈이 그토록 간절히 요구했던 특별감찰관 임명을 윤석열이 왜 외면했는지 이제 이해가 간다. 윤석열은 진심으로 김건희가 테오도라가 되길 원했다. 특별감찰관 임명을 찬성할 리 없었다.

6세기 제정 로마의 황후가 21세기 대한민국에 소환된 일이 흥미롭다. 21세기 대한민국에서 대통령 부인에게 권력을 나누어 주는 일은 당연히 불법이다. 불가능한 일을 가능한 것처럼 믿는 것은 망상이고 망상은 윤석열의 특기이다.

현재 김건희 특검이 16개 혐의 또는 의혹을 수사하고 있다. 독립된 팀이 다른 의혹들에 대해서도 탐문수사를 하고 있다고 한다. 새로 터져 나오는 의혹들도 그 종류와 찌질함 때문에 놀랍다.

'읽씹'에 대해 한동훈의 판단이 맞았다. '테오도라 김'의 문자에 대응조차드 하지 않은 것은 올바른 판단이었다. 섣불리 대응했다간 큰 우환으로 남을 뻔했다. 아직 한동훈이 이에 대해 어떤 것도 밝힌 것은 없다. 좀 더 세월이 흐르고 윤 부부의 법적 처벌이 마무리된 후에 밝혀지기를 기대한다.

그날 그곳에 있었습니다

이런 프로그램이 있는 줄 몰랐다. 프로그램이 생긴 지 6개월이나 되었다는데 모르고 있었다. 12.3 계엄의 주인공인 한동훈이 계엄 6개월이 지나 얼굴을 내민 셈이다.

한동훈의 독백 형식이다. 기자의 질문은 자막으로 깔리고 한동훈의 답변은 담담히 독백으로 흘렀다. 그래서인지 평소에도 차분한 그의 어조가 더 나지막하게 들린다. 배경 화면이 계엄 얘기하기 좋을 만치 어두웠다.

계엄이란 영화를 만들면 그는 단연 주연이다. 모든 역사물에는 옳은 편의 주연이 있고 그른 편의 주연이 있다. 그른 편의 주연이 윤석열이라면 옳은 편의 주연은 한동훈이다. 계엄을 일으킨 편의 주연이 윤석열이라면 계엄을 막은 편의 주연은 한동훈이다.

그 짧은 시간에 어떻게 그런 많은 생각을 하고 어쩌면 그렇게 정확한 판단을 할 수가 있었을까? 대통령 계엄선포의 뉴스 바로 밑에 붙여서 여당의 대표 한동훈의 계엄 반대 뉴스가 떠야 한다고 생각한 점이 인상 깊었다.

결국 윤석열이 수개월 준비한 계엄을 한동훈은 짧은 시간의 판단으로 막아내었다. 계엄은 불행한 사건이기도 했지만 동시에 한동훈이 어떤 정치인인지를 웅변으로 보여 주는 이벤트이기도 했다. 그는 위기 사태에도 냉철한 판단력으로 나라를 지킬 수 있는 그런 사람이다.

그날 밤 국힘 의원 108명의 위치를 보여 주는 '계엄의 밤, 국민의힘 의원 108명 위치 지도'라는 특별한 지도가 인터넷상에서 유행이다. 이 지도는 국힘 의원 108명 한명 한명이 계엄의 밤에 어디에 있었는지를 설명하고 있다. 친절하게 한명 한명의 사진도 첨부했다. 이 지도는 두고두고 리뷰해 볼 가치가 있다. 특검 사무실에 크게 한 장 붙여둘 만하다. 국민의힘 당무감사실이나 윤리위원회 사무실에도 필요할 것 같다. 다음 국회의원 선거 공천관리위원회에서 반드시 참고해야 할 정보이다.

역시 그의 말에는 과장이 없다. 그 긴박했단 계엄의 밤 이야기를 클래식 음악 해설하듯이 담담히 풀어낸다.

그날의 조연배우 하나. 계엄의 최대 수혜자. 숲의 어둠 속에서 작은 눈을 이리 굴리고 저리 굴리던 분.

최병천이 얘기한 감나무 전략의 대가. 정말 아무것도 않고 감나무 밑에서 입만 벌리고 있었다. 그의 벌린 입에 잘 익은 홍시 하나가 뚝 떨어졌다. 윤석열이 보낸 계엄이란 선물이었다.

일어날 일은 반드시 일어난다.
그것이 운명이다

2025년 7월 10일 새벽. 윤석열은 서울구치소의 문턱을 넘었다. 감방의 후덥한 공기가 그를 맞았다. 형이 확정되어 교도소로 이감하기 전까지 그가 머물러야 할 집이다. 이제 석방이란 행운은 그에게 더 이상 없을 듯하다.

계엄이 아니었으면 그가 아닌 이재명이 머물러야 했을 집이다. 운명이 바뀌었다. 두 사람은 대통령 집무실과 서울구치소를 맞바꾸었다. 운명의 데칼코마니이다.

'일어날 일은 반드시 일어난다. 그것이 운명이다.'
소설 모비딕의 한 구절이다.

윤석열의 구속은 일어날 일이었다. 아주 오래전 이준석을 쫓아낼 때부터, 나경원을 연판장으로 주저앉힐 때부터, 김기현을 바지 사장으로 앉힐 때부터 일어날 일이었다. 구속은 그의 운명이었다.

이기고 있던 총선을 망치고 거대 야당을 만들어준 것은 윤석열의 오만과 고집 그리고 무능력이었다. 압도적 지지율로 선출된 당대표를 무시하고 모욕할 때부터 그의 구속은 일어날 일이었다.

한동훈이 그토록 원했던 독대의 시간. 한동훈과 정진석을 앞에 두고 앉은 그의 위협적인 모습은 모비딕의 외다리 선장 에이허브였다. 그때 그의 운명을 예감했다. 이 예감은 시간이 가며 더 뚜렷해졌다.

김옥균 프로젝트를 연속으로 가동했던 그는, 무모한 증오로 선원들을 죽음으로 몰아넣는 현실 속의 에이허브였다. 결국 윤석열은 자해적 계엄으로 김옥균 프로젝트를 완성했다. 그리고 파멸의 길로 스스로 걸어 들어갔다.

그의 1차 구속에 분노하여 서부지법에 진입했던 49명의 젊음은 그저께 최고 5년의 징역형을 구형받았다. 윤석열은 유감조차 표명하지 않는다.

무얼 어쩌겠는가. 다 운명인걸. 일어날 일이었기에 일어났을 뿐이다. 2025년 7월의 무더운 여름에.

이제 미련 없이 윤석열을 내 기억에서 손절한다. 그로 인한 좌절과 분노도 운명이려니 하고.

한가지 마음에 걸리는 것은 아직 살아 계신 그의 노모. 그분의 상심을 생각하면 가슴이 아프다.

내수용 국뽕외교

한동훈 전 국민의힘 대표가 이재명 정부와 더불어민주당을 겨냥해 "민주당 정권의 '내수용 국뽕외교'로 국익과 민생이 심각하게 손상될 것이 우려된다"라고 날카롭게 대립각을 세웠다.

더불어민주당 소속 의원들이 지난 24일 재미 한인 단체인 미국민주참여포럼(KAPAC)이 의회에서 주최한 '종전선언법' 행사에 참석해 연설을 한 것에 대한 비판이다.
-디지털 권순영기자

현재의 휴전협정을 '종전 선언'으로 바꾸는 것은 국가에 해로운 짓이다. 휴전 상태이므로 유엔군이 휴전을 감시할 목적으로 한국에 주둔이 가능하다. 유사시 별도의 유엔 결의 없이 바로 유엔 가입국들의 파병이 가능하다. 또한 유엔군의 일원으로 파병된 미군이 계속 주둔할 수 있는 명분이기도 하다. 전쟁 억제의 기능을 하는 것이다.

종전이 되면 유엔안보리 상임이사국인 중국과 러시아의 거부권으로 유사시 유엔군 파병이 불가능해진다. 침략군에게 유리한 상황이 된다.

휴전이 아닌 종전이 되면 미군이 계속 주둔할 이유도 없어진다. 주한미군 철수를 주장할 명분이 점점 커지는 것이다.
종전과 함께 좌파들이 주장하는 평화협정, 전시작전권 반환 등이 다 같은 목적을 향한 주장들이다.

미국 의회에 좌파 미국의원 한 명의 오랜 노력 끝에 '종전선언법'을 발의했고 대한민국 민주당 의원들이 그걸 축하하러 방미한 모양이다.

한동훈이 빠뜨리지 않고 '국뽕외교'라고 비판을 가했다. 역시 한동훈이다. 다른 정치인들의 비판은 아직 들어보지 못했다. 나 혼자만 느끼는 일종의 '한뽕'인가?

계파정치를 하지 않겠다는 서약

윤희숙 혁신위에서 각 의원에게 계파정치를 하지 않겠다는 서약을 요구했다.

의도가 착하게 읽히지 않는다. 계파에 대해 '양비론' 입장을 견지하는 것이 혁신위에 어떤 도움이 될까 싶다.

서약의 실효성도 문제다. 드러내놓고 활동하는 계파는 거의 없다. 지금까지 대한민국 정치사에 등장했던 모든 계파가 그랬다. 드러낸 계파는 떳떳하기 때문에 드러낸다. 은밀하게 나쁜 짓하는 패거리들은 드러냄이 없다. 알려진 이름이 전혀 없어서 'under 친윤'이라고 썼지만, 그들이 누구인지 어떤 이름을 쓰는지 사실 모른다. 그들은 좀비처럼 움직인다. 그래서 서약을 어겨도 어긴 걸 알 수 없고 따라서 제재할 방법도 없다.

나는 정치판에 떠다니는 모든 서약을 믿지 않는다. 특히 국민의힘에서 일어나는 서약을 믿을 바보는 없다.

국힘의 폐해는 당의 운영 방식이 민주적이지 않다는 데 있다. 대통령이 당의 공천에 관여하고 운영에 개입하다 보니 모든 민주적 절차가 없어지거나 왜곡되어 버렸다. 당의 주인은 당원이어야 하는데 윤석열이 되어버렸다.

"보수의 주인이 전한길이냐 한동훈이냐?"를 물은 건방진 인간도 있다.

"보수의 주인도 진보의 주인도 모두 국민이다."라는 게 한동훈의 대답이다.

당의 주인이었던 박근혜와 윤석열에 의해 길든 사람들은 나경원을 주저앉히는 연판장에 죄의식이 없다. '당 밖의 남자' 한덕수를 추대하는 연판장에 일말의 죄책감도 없이 서명한다. 오직 깨어있는 분들, 우리 카페의 회원 몇 분은 안다. 이런 연판장들과 윤희숙이 의원총회에서 당한 '다구리'는 같은 것이란 걸.

국힘의 주류는 친윤계이다. 윤석열이 탈당했으니, 친윤계는 소멸해야 마땅하다. 관성에 의해 아직도 당을 장악하고 친계엄, 반탄핵, 부정선거를 주장하고 있으니 '수구파'라고 부르자. 비주류는 계엄, 탄핵, 부정선거에 정반대의 입장을 취하고 있으니 '혁신파'라고 부르는 것이 좋겠다. 이렇게 부르면 계파의 정치적 이념의 차이를 한눈에 볼 수 있는 이점이 있다. 언론들이 이 호칭을 많이 사용해 주면 좋겠다.

당원 주권의 시대를 열었으면 좋겠다. 어제 쓴 글에서 시도당 위원장을 당원들이 투표로 선출해야 한다고 말씀드렸다. 그 첫 번째 시도가 이번 서울시당위원장을 뽑는 선거이다. 배현진의 승리를 기원한다.

2+1 실패기

편의점이나 마트에는 1+1 혹은 2+1 상품이 즐비하다. 한국을 찾는 외국인들이 신기해한다. 아마 외국에는 없는 한국만의 특색 마케팅인 모양이다.

이재명이 강준욱을 국민 통합비서관으로 임명했다. 강준욱은 윤석열의 계엄 선포를 옹호하고, 이를 내란으로 규정하는 것은 '여론 선동'이라고 주장한 극우적 인물이다.

한동훈이 강준욱 인선을 겨냥해 "이참에 전한길 같은 극우 인사들도 이재명 정부에서 데려다가 중히 쓰시라"며 '1+1(강준욱+전한길)'을 제안했다.

이재명이 매우 놀랐다. 다행히 강준욱이 자진사퇴했다.

"윤석열 정부가 낫습니까? 작금의 이(재명) 정부가 낫습니까?"라는 질문을 갑자기 한동훈에게 던진 심규진.

심규진까지 2+1(전한길+심규진, 강준욱)에 팔아넘기려던 내 계획이 강준욱 사퇴로 실패로 끝났다.

김종혁을 찾아온 '되치기' 기회

작년 총선이 끝난 뒤 낙선자 모임에서 였던가?

김종혁의 절절한 외침을 들을 수 있었다. 선거가 윤석열이 전면에 등장하며 역전이 되는 걸 뻔히 쳐다만 봐야 했던 무력감을 토로했다.

"제 지역에는 아파트 촌이 많다. 맞벌이 부부가 출근하고 나면 행한 아파트를 지키는 건 노인들과 어린애들뿐이다. 나의 정견을 유권자들에게 호소할 기회가 없었다. 속절없이 선거판이 뒤집어지는 걸 지켜볼 수밖에 없었다."

그 무력감을 이해할 수 있다. 김종혁은 아침저녁 지하철역에서 출퇴근하는 유권자들에게 허리를 굽히거나 동네 식당을 온종일 찾아가는 수밖에 없었다.

김종혁이 국힘 당윤리위원회에 회부되었다. 윤석열 경호처의 전유물인 줄 알았던 '입틀막'이 여기서도 실현된다. 160억 당비 의혹설이 권영세의 심기를 건드렸나 보다. 권영세가 법적 고소를 한다고 했는데 무고죄가 두려웠던가 보다. 당 징계로 방향을 틀었다. 법적 고소가 되면 160억 배임에 대한 경찰의 수사는 필연이 된다. 하지도 않을 당 징계 요청으로 때우는 수밖에 없다.

윤리위원회가 회의 일자를 9월로 못 박았다. 그 얘기는 이 징계가 실현되지 않는다는 것을 의미한다. 8월 22일 전당대회에서 누가 당대표가 되건 이 징계는 없었던 것으로 될 확률이 100%이다. 결국 누군가의 징계 요청을 접수했다고 밝힌 윤리위원회와 징계 요청인의 목적은 징계가 아닌 '입틀막'이다. 김종혁의 입만이 아닌 또 다른 누군가의 입을 막기 위함이다.

오늘 김종혁 징계안에 대한 언론과 국민의 반응을 보면서 징계 요청인 지금 몹시 후회하고 있을 것 같다.

이 기회를 김종혁이 놓쳐서는 안 된다. 정치인 김종혁의 인지도를 전국구로 넓힐 기회이다.

몇 가지 사항을 고려해 보시기 바란다. 윤리위에서 잘 받아들이지 않겠지만. 첫째, 윤리위가 요청한 소명서를 윤리위에 제출과 동시에 언론에도 공개하는 것을 고려해 보시길. 둘째, 직접 윤리위에 나서서 소명하겠다고 천명하고 그 회의의 공개를 요청하는 것을 고려해 보시길. 마지막으로, 윤리위 회의 날짜를 전당대회 이전 날짜로 공개하여 조정 신청하시길. 전당대회 후가 되면 말씀드린 대로 징계는 흐지부지 없어질 가능성이 높다.

한동훈의 진중함

단어의 의미를 알고자 할 때 비슷한말과 반대말까지 찾으면 그 단어의 뜻이 더욱 분명해진다.

최근 한동훈의 라방 '고민 상담소'를 들으면서 새삼 다시 느낀다. 한동훈은 진중하다.

'진중하다'라는 단어는 별로 대체할 수 있는 것이 없다. '신중하다'를 고려해 볼 수 있지만, 의미가 조금은 다르다. '신중하다'는 주로 성격을 얘기하고 '진중하다'는 주위를 배려할 줄 아는 사람의 됨됨이가 가미된 느낌이 든다.

'진중하다'의 반대말은 '경망하다'와 '경박하다'가 적당해 보인다.

안철수와 송언석이 '인적 쇄신안'과 '혁신위 인선'에 대한 분명한 합의 없이 덜컥 혁신위원장 자리를 흥정했다가 5일 만에 깨버렸다. 안철수는 경망하다.

사퇴도 좋고 당대표 출마도 좋은데 왜 가만있는 한동훈보고 나오라 말라 그러나. 나가고 싶으면 혼자 나가면 되지. 대선 유세 때도 그랬다. 왜 한동훈더러 유세장에 나오라 말라 그러나. 안철수는 경박하다. 말과 행동이 가볍다.

쪼르르 유세장에 달려 나가기 전에, 한동훈이 했던 것처럼 김문수에게 윤과의 단절을 요구해야 했다. 덜컥 혁신위원장 자리를 받아들이기 전에 송언석과 '인적 쇄신안'을 먼저 얘기해야 했다.

안철수가 거절한 혁신위원장 자리 윤희숙이 왜 덜컥 받았는지 모르겠다. 경솔해 보인다.

황우여가 돌아왔다. 단골손님 선관위원장이다. 지도부 입맛대로 선거관리 하면 이렇게 잊지 않고 불러준다. 선거관리 잘하랬더니 일성이 당의 지도 체제에 관해서다. 집단지도체제가 바람직하단다. 참 주제넘고 경망하다.

박찬대가 내란 특별법을 발의한다고 한다. 내란 정당에 대해 국고보조금을 끊는 내용이다. 정당해산까지도 예측했었는데 이건 미처 생각을 못 했다..

예측 못 했던 것이 또 있었다. 내란선전죄이다. 오늘 윤상현과 김민전의 내란선전죄 수사가 공수처로부터 특검으로 이첩되었다. 두 바보가 극우 집회 등에서 계엄을 옹호한 여러 발언에 대해서 내란선전죄 혐의가 적용되는 모양이다.

한동훈은 많이 읽고 듣고 많이 사고한다. 항상 준비가 잘 되어있고, 그 준비된 것에서 벗어남을 경계한다. 자기 말에 도취하지 않는다. 라방을 볼수록 느낀다. 그의 진중함을.

국민의힘을 바꾸는 일

물체를 움직이려면 힘이 필요하다.

중력, 물체의 질량, 마찰력, 공기의 저항 등을 이겨낼 수 있는 힘. 그 이상의 힘을 가해주어야 물체를 비로소 움직일 수 있다.

물리학에서 물체를 움직이는 데 힘이 필요한 것처럼 조직을 변화시키는 데에도 상당한 힘이 필요하다.

'Gleicher의 변화 공식'은 변화의 기본 원리를 이해하는데 유용하다. 조직이 변화를 계획하고 실행할 때 어떤 요소들을 고려해야 하는지 명확하게 제시해 준다.

$$C = D \times V \times F \rangle R$$

C: Change 변화의 가능성 혹은 변화를 위한 힘이라고 생각해도 좋다. 이 힘이 변화에 대한 저항(R)보다 클 때 비로소 조직의 변화를 끌어낼 수 있다.

D: Dissatisfaction 조직원들이 느끼는 불만족의 정도가 클수록 변화의 가능성은 커진다.

국힘 당원들의 불만이 역대급이다. 비영남권 지역 국회의원들과 당협위원장들의 불만도 못지않다.

유일하게 만족하는 그룹은 당권을 장악하고 있는 영남권과 강원도 영동지방의 국회의원들이다. 송언석이 구성한 당 지도부도 역시 친윤 일색이다. 이들은 현 상황에 대한 불만이 없으니 변화에 대한 의지도 없다.

요새 '언더 찐윤'이란 신조어가 화제다. 영남에 지역구를 둔 약 20명 정도의 국회의원들이다. 블랙리스트처럼 이제 이들 명단이 찌라시에 나돌 듯하다. 당장 궁금하신 분들은 한남동 관저에 윤석열 체포 저지를 위해 나섰던 국회의원 45명의 사진을 보시기 바란다. 그 사진 속 인물 중 잘 모르는 20명 정도를 고르면 그들이 '언더 찐윤'이다. '언더 찐윤'들이 국힘의 변화를 원하지 않는 세력인 것만은 확실하다. 이들은 다른 시각에서 보면 선출직 공무원이 아니다. 임명직 공무원이다. 윤석열 혹은 김건희에 의해 영남권 국회의원으로 임명된 임명직 공무원이다. 명태균 스캔들의 김영선처럼 말이다. 오늘 김영선을 공천한 당시 선대 위원장 윤상현이 압수수색을 받았다.

국힘은 당원이 주인인 정당이 절대 아니다. 당원이 선출한 당대표를 걸핏하면 몰아내고 상설 비대위 체제를 굳혔다.

V: Vision 변화를 통해 도달하고자 하는 명확하고 매력적인 미래의 모습을 제시할 수 있어야 사람들을 그 방향으로 리드할 수 있다. 비전이 명료하고 매력적일수록 변화에 대한 욕구는 더 강해진다.

리더십의 역할이 중요하다. 하지만 능력은커녕 국민의 도덕성 눈높이에 맞는 리더를 국힘에서는 찾기가 쉽지 않다. 계엄을 옹호하고 한밤에 후보 자격을 도둑질하고 국민을 상대로 단일화 사기를 친다. 정당의 이미지 자체가 부도덕하다.

이재명의 뻘짓을 비판해 봐야 국민의 반응은 "니들은?" 이니 비판에 힘이 실릴 수 없다.

눈어 빤히 보이는 한동훈이란 최고의 리더십을 당원과 국민이 선택해 봐야 친윤들이 곧 몰아내 버린다.

F: First Steps 비전을 달성하기 위한 구체적이고 실현할 수 있는 첫 단계 또는 계획을 의미한다. 막연한 변화가 아니라 실제로 무엇을 해야 할지 알려준다. 지금 한동훈 지지자들이 몰두하고 있는 '책임 당원 배가운동'이 좋은 예가 되겠다. 이해하기 쉽고, 구체적이다. 비전이 잘 설명되면 실행은 더 힘이 붙게 된다.

우선 급한 것이 당의 권력 구조를 당원 중심의 상향식 시스템으로 전환하는 것이다. 오늘 윤희숙이 지적하듯이 당원이 '동원 대상'이 아닌 '의사결정의 주체'로 격상되어야 한다.

민주당은 권리당원이 원내대표 선출에도 관여한다. 당원의 의견을 20%만큼 반영한다. 반면에 국힘은 당원들이 뽑은 대표를 당 지도부가 쫓아낸다.

R: Resistance 모든 변화에는 본능적인 저항이 따른다. 변화에 대한 저항은 필연적이므로 인내를 갖고 받아들여야 한다.

Gleicher 변화 공식을 대입해 본 국민의힘의 변화 가능성은 아직 어둡다. 당원 눈높이와 괴리가 큰 친윤그룹의 인적 청산 없이는 힘들어 보인다.

명료한 미래의 비전을 보여줄 수 있는 한동훈 정도의 리더십을 수용할 수 있어야 변화가 가능할 성싶다.

숙성이 덜 된 인간들

와인이나 치즈, 장류처럼 시간이 지나면서 더욱 깊은 맛과 향을 내는 음식들이 있다. 숙성의 과정을 거치기 때문이다.

나이가 들어가는 과정은 숙성처럼 또 다른 아름다움을 선사한다. 마치 잘 숙성된 와인이 복합적인 향과 맛을 내듯이, 아름답게 나이 든 사람은 그만의 이야기와 지혜, 그리고 온화함으로 주변을 감싼다.

음식의 숙성과 사람이 나이 드는 것 사이에는 이렇게 놀랍도록 닮은 점이 많다.

음식의 숙성이나 나이 드는 것이나 영어로는 둘 다 'aging'이라는 동일한 단어를 쓴다. 한자로도 같은 글자를 쓴다. 아름답게 나이 드는 것을 성숙(成熟)이라고 얘기할 수 있으니 숙성(熟成)과는 글자의 순서만 다를 뿐 같은 의미이다.

대기자 조갑제를 보면 아름답게 나이 든다는 것이 무엇인지 알 것 같다. 그는 꼰대의 느낌이 없다. 말에는 품위가 있고 주장에는 논리가 시퍼렇게 살아있다. 판단은 젊은 누구보다 예리하다.

헌재의 윤석열 탄핵 판결이 늦어졌다. 많은 평론가가 초조해하며 말을 바꾸기 시작했다. 대기자 조갑제는 움쩍도 하지 않고 8:0을 고수했다. 그의 판단은 정확했다.

숙성이 실패할 때가 있다. 온도와 습도를 잘 조절하지 못하면 세균이 번식해서 바라던 숙성이 아닌 부패가 진행된다.

숙성에 실패하는 것은 음식뿐만 아니다. 인간도 숙성에 가끔 실패한다. 나는 홍준표를 대표적인 숙성 실패작으로 꼽는다. 그의 말은 욕설과 조롱을 빼고 나면 남는 게 없다. 그래서 내가 선사한 별명이 '걸레문 남자'이다. 그의 주장엔 '왜'가 없다. 수십 년을 논리가 없는 그의 주장을 받아쓰기 해 온 언론들은 이제 그러려니 한다. 논리가 없는 주장은 고집 센 늙은이의 떼쓰기와 다를 바 없다. 자신의 이익만 챙기다보니 자르는 정치인이 하나 없다.

홍준표를 가장 잘 아는 사람은 홍준표 키드인 배현진이다. 홍준표를 설명하는 배현진을 듣고 있노라면 물리적 나이가 소용없음을 느낀다. 홍준표는 숙성 덜 된 어린애 같다. 반면에 배현진의 사고는 훨씬 성숙한 어른의 것이다.

숙성에 실패했으니 이제 부패하기 전에 용도 폐기되어야 한다. 이를 정화 작업이라 불러도 좋다.

김문수도 숙성에 실패한 경우이다. 국민을 상대로 단일화 사기극을 벌이곤 사과도 없다. 젊은이들이 싫어하는 '한 얘기 또 하기'는 전 국민이 '눈에 넣어도 아프지 않은'을 통해 경험해 본 바이다. 유세장에서 이유 없는 '큰절하기'와 함께 전형적인 꼰대의 이미지를 갖고 있다.

무엇보다 분노스러운 것은 그의 공감 능력이다. 지지자들이 대선 패배의 상실감에 아파할 때 그는 훌라후프를 돌리고 있었다.

김문수가 경선이 아닌 추대를 해주면 당대표직을 맡겠다 한다. 대선 패배자가 근신을 모른다. 끝없는 노욕으로 숙성이 덜 된 인간의 전형을 본다.

한덕수는 내란 혐의 피의자로 조사받고 있다. 출국 금지 상태이다.

한동훈의 생각은 진중하다. 말은 생각보다 더 진중하다. 그래서 좀처럼 실언이 없다. 그의 말은 타인은 물론 자신을 해하는 일이 없다.

한동훈은 나이에 비해 숙성되었다. 잘 숙성된 와인의 맛이 난다. 잘 숙성된 와인은 향도 일품이다. 마시기 전에 와인잔을 손으로 돌리는 것은 향을 더 즐기기 위함이다.

한동훈은 향이 있는 숙성된 정치인이다.

여름밤 사막의 판타지아

"사막이 아름다운 것은 어딘가에 샘을 감추고 있기 때문이야."

모든 삭막한 것에는 샘이 감추어져 있다고 믿는 것이 유리하다. 그러면 삶이 조금은 덜 삭막해진다. 사막만큼 삭막한 정치판에도 어딘가 샘이 숨겨져 있으리라 믿는다.

사막의 한복판에서 후니를 조우했다. 그는 사막의 샘처럼 맑았다.

사막의 샘터에 별이 쏟아진다. 그 많은 별 중에서 고향별 B-612를 찾는 일이 쉽지 않다. 찾다 지친 어린 왕자의 눈에 슬픔이 가득하다. 추락한 조종사가 그를 달래기 위해 예쁜 망토와 양을 그려주었다.

후니에게는 검은 수단을 그려주었다. 수동성당에서 복사할 때 입었던 옷이다. 그 옷을 입은 후니는 작은 천사이다. 후니는 누구보다 가디건이 잘 어울린다. 지난 총선 때 입었던 자주색 가디건이 가끔 생각난다.

어린 왕자를 쳐다보는 후니의 눈은 연민이 가득하다. 세 사람은 별 대화 없이 밤하늘을 수놓은 별을 쳐다본다. 물먹으러 온 사막여우도 별구경에 동참한다. 사막의 밤은 차갑다.

북간도의 별 하나에 있는 추억과 사랑은 사하라의 별에도 깃들어 있다. 모든 별에는 윤동주가 보았던 쓸쓸함과 동경이 있어 그것을 노래하면 자연스레 시가 되었다. 동주는 어머니를 불렀고, 어린왕자는 고향별에 두고 온 꽃의 이름을 불렀다. 후니는 두 사람에게 조용히 귀를 기울인다.

"누군가에게 길들여진다는 것은 눈물을 흘릴 일이 생긴다는 것일지도 모른다."

삶이란 누군가를 만나고 길들고 길들여지는 것이다. 길들고 길들여진다는 걸 어떻게 알까?

후니만 보면 눈물이 나는 이유는 이미 그에게 길들여진 때문일까?

어린 왕자는 이제 여행을 끝내고 고향별로 돌아가고 싶다. 그 별엔 왕자가 돌봐야할 길든 꽃이 기다리고 있다. 돌아가는 방법은 간단하다. 어릴 적 책상을 같이했던 소녀들의 이름과 '라이너 마리아 릴케'를 부르며 노란 뱀에게 손을 내밀면 된다.

어린왕자와 후니 그리고 윤동주가 함께 사막의 샘터에서 하늘의 별을 본다.

별이 바람에 스치운다.

'미치광이 전략'의 기원

'미치광이 전략(Madman Strategy)'이란 것이 있다. '광인 이론(狂人理論)'이라고도 번역을 한다.

자신을 마치 미치광이인 것처럼 보이도록 해서 상대방에게 공포를 유발한 다음, 협상을 유리한 쪽으로 이끌어가는 전략이다.

트럼프의 주 외교 전략으로 알려졌지만, 알고 보면 국제정치학에 당당히 이름을 올린, 족보가 있는 전략이다.

리처드 닉슨이 직접 '미치광이 전략'이라고 명명했고 국무장관 헨리 키신저에 의해 소련을 상대로 실제로 사용되었던 전략이다.

키신저가 전략의 창시자로 알려졌지만, 조갑제가 증언하는 '미치광이 전략'의 기원은 이승만이다.

휴전을 바라는 아이젠하워는 이승만이 두려웠다. 국군의 북진을 계속 언급했기 때문이다. 이승만의 '반공포로석방'을 보건대 이승만의 북진이 간순한 엄포로만 들리질 않았다.

부통령 닉슨을 파견했다. 닉슨에게 이승만이 웃으며 말했다. 자신이 북진을 얘기하는 것은 공산주의자들을 기만하기 위한 전술이라고. 차마 아이젠하워를 기만하기 위한 것이란 말은 하지 못했다.

닉슨이 회고록에 썼다. '미치광이 전략'을 이승만에게서 배웠노라고. 결국 '미치광이 전략'의 기원은 이승만이다. 트럼프가 이승만의 전략을 현재 무단 사용 중이란 얘기이다.

이승만은 알면 알수록 대단한 인물이다. 구한말에 태어나서 일제 강점기를 독립운동으로 보내고 대한민국을 세운 건국 대통령이다.

이승만의 또 다른 업적인 '토지개혁'을 한동훈이 기회 있을 때마다 언급한다. 알면 알수록 대단한 업적이다.

조선의 노비제도는 이승만의 '토지개혁'으로 진정한 의미의 소멸을 했다. 대한민국 산업화의 초기자본은 '토지개혁'으로 만들어졌다. 6·25전쟁의 승리를 지킨 것은 내 땅에 대한 농민들의 집념이었고 이 또한 '토지개혁'의 공헌이다.

며칠 전이 75주년 6·25 기념일이었다. 이재명 정권에서의 첫 번째 기념일에 마음이 참담했다.

이승만이 '미치광이 전략'으로 이끌어낸 '한미동맹' 덕분에 후손들이 전쟁의 상처를 딛고 이만한 번영을 누리고 있다고 생각한다.

위대한 건국 대통령 이승만을 6·25전쟁 75주년에 소환해 준 한동훈, 조갑제 두 분께 감사드린다.

뉴스가 없는 좀비 정당

이현종이 국민의힘을 '좀비 정당'이라 불렀다.

좀비 영화를 여러 편 봤건만 '좀비'가 정확히 어떤 뜻인지 몰랐다. 사전을 찾아보니 '살아있는 시체'라고 설명한다.

이현종이 찍은 방점은 '살아있는'에 있지 않고 '시체'에 있다. 그러니 '국민의힘은 살아있다.'를 말하고 싶은 것이 아니라 '국민의힘은 시체이다.'라고 말하고 싶은 거다.

이현종은 국민의힘에 뉴스가 없다는 말을 덧붙인다. 이슈를 만들지 못하는 정당이니 뉴스가 있을 리 없고, 뉴스가 없으니 언론사들은 국민의힘을 출입하는 기자 수를 줄인다.

'시체'에서 뉴스거리가 나올 리 없으니, 한동훈의 페이스북과 라방이라도 기웃거려보는 것이 국민의힘 출입 기자들이 하는 일이다. 그나마 최근 이슈와 기삿거리를 만들어내는 것은 주진우뿐이라고 한다.

아침에 눈을 떠서 네이버 정치 기사를 검색한다. 6월 25일 아침 정말 거짓말같이 국민의힘 기사가 없다. 이준석 기사는 몇 개 눈에 띈다. 이준석이 한동훈의 100% 대표 출마를 예상한다는 기사이다.

이현종의 말이 맞다. 국민의힘은 이슈와 기삿거리가 없는 좀비 정당이다. 혁신계 정치인들을 제외하곤 방송 출연도 거의 없다.

송언석을 원내대표로 뽑은 좀비들이 60명이나 된다.

이재명 내각을 다양성으로 평가하더라. 다양성(diversity)의 다른 해석은 '잡동사니'다. 이재명은 보여주기에 능하다. 그가 준비한 버라이어티쇼(Variety Show)인데 이게 들통나게 생겼다. 김민석부터 송미령까지 이재명 인사에 대한 비판이 만만찮다. 호재인데 봉숭아학당 좀비들은 뭘 할지 알지 못한다.

이재명 정권의 잘못을 지적하기엔 윤 정권과 국힘을 청산하지 못한 잘못이 너무 크다.

Preemptive 한동훈

한동훈을 얘기하면서 Preemptive라는 단어를 뺄 수 없다.

Preemptive는 '선제의, 선점적인, 선수를 치는'이란 뜻을 가진다.

미래환경을 예측하며 경쟁자보다 앞서서 준비할 수 있는 능력을 'Preemptive 하다'라고 얘기한다. 모든 조직을 이끄는 리더들에게 필수적인 능력이다.

오늘 서울고등법원이 이재명의 재판을 중지한다고 발표했다. 헌법 84조를 아전인수격으로 해석했다. 사법부가 '바람도 불기 전에 누워버렸다.'라는 비판이 쏟아져 나왔다.

한동훈을 지지자들은 다 안다. 이 이슈는 이미 작년 6월에 한동훈이 쏘아 올린 이슈라는 것을.

아직 전례도 없고 상상조차도 어려웠던 문제였다. 그런 걸 '초현실적'이라 일컫는다.

초현실적으로 보이던 법에 대한 해석. 대통령이 취임 이전의 형사 범죄에 대해 어떤 법적 권리를 갖게 되나 하는 문제이다. 기소가능 여부, 수사계속 여부, 재판계속 여부를 1년 전 법률가 한동훈이 쏘아 올렸다.

미래를 통찰했던 한동훈이 쏘아 올린 '재판은 계속되어야 한다.'라는 국민의 절대적 지지를 받았다. 갤럽조사에서 국민의 73%가 지지. 민주당 지지층에서조차 58%가 지지하는 걸로 나타났다. 이재명 감옥 보내는데 모처럼 국론통일을 한 셈이다.

그뿐이었다. 폭탄주 말기 바쁜 대통령의 관심은 아니었다. 윤 부부심기 경호에 바쁜 친윤들의 관심도 아니었다. Preemptive라는 단어와는 거리가 먼 사람들이었다. 발등에 떨어진 불도 제대로 못 끄는 사람들에게 Preemptive란 피안의 세계였다.

이 이슈보다 더 일찍 한동훈이 제기한 '지구당 부활법'도 있다. '지구당 부활법'과 '재판은 계속되어야 한다'를 보면서 한동훈의 통찰력과 Preemptive 한 능력을 실감했었다.

종속변수의 정당

"국민의힘은 이제 종속변수의 정당이 되었다."라는 박상수의 언급. 당연한 말이지만 서글프다.

'종속변수의 정당'이란 혼자서는 아무것도 스스로 할 수 없는 정당이다. 따져보니 박상수의 말이 맞다. 기껏 할 수 있는 것 하나 찾은 것이 개헌저지선이다.

국민의힘이 위헌정당해산심판의 청구 대상이 될지 우려하는 목소리가 있다. 근데 아무 위협도 되지 않는 국힘을 해산시키는 바보짓을 이재명 정권이 할지 모르겠다. 현재의 국힘은 이재명 독재를 위해 최적화한 들러리로 생각이 된다. 야당 된 지 5일째. 이재명 재판 변호인이 헌법재판관으로 추천되어도 정말 조용하다. 이런 정당을 위헌 정당으로 시비 걸 이유가 없을 듯하다.

국민의힘 생존에 대한 고민이 깊다. 유일한 생존의 길은 국민의 지지에 기대는 방법이다. 부단히 혁신과 반성을 통해 정당 지지율을 높여야 한다. 그래서 민주당과 이재명 정권이 국민 눈치 보게 만들어야 한다.

오늘 대선 후 첫 여론조사(한국리서치)에서 국힘의 정당 지지율이 20%이다. 민주당은 무려 46%이다. 모든 연령대에서 민주당에 뒤졌다. 다구·경북을 제외한 모든 지역에서 민주당에 뒤졌다.

아직 제대로 된 반성도 사과도 없다. 국힘의 대선후보였던 김문수는 아직도 '윤어게인'의 집회 현장에서 발견된다.

훌라후프 돌리기와 주식 투자하기

3년 전 대선에서 내 지인 한 분은 이재명을 지지했다. 이재명이 낙선된 후 이분은 몸져누웠다.

지인분이 몸져누워있는 동안, 이재명은 주식 투자를 했다. 방산주에 투자했던 걸로 기억한다. 모르고 지날 뻔했는데, 이재명이 국회의원 출마한다고 재산공개 하면서 들통이 났다. 이때 많은 사람들이 이재명의 멘탈에 혀를 내둘렀다.

김문수의 비서실장, 김재원이 SNS에 사진 2장을 올렸다. 대선 다음 날 김문수가 턱걸이하고 훌라후프 돌리는 사진이다. 곧 당권에 도전할 정도로 건재하다는 뜻일 거다. 많은 국민이 분노와 상실감으로 잠 못이룬 대선 날 밤, 김문수 혼자 잘 주무셨던 모양이다.

과거 일이지만 국민이 선거 패배의 아픔을 앓을 적에, 안철수는 세계 유명 마라톤대회를 다 섭렵하고 다녔다.

홍준표는 지금 하와이에서 골프 중이다.

상실감에 고통받는 사람들은 결국 지지자들뿐이다. 정치꾼들은 주식 투자도 하고 훌라후프도 한다.

작년 4월 한동훈이 총선 패배의 책임을 지고 비대위원장직에서 물러났다. 모든 국민의 시야에서 한동안 사라져 버렸다. 보이진 않지만, 그가 국민과 아픔을 같이한다고 느꼈다.

김어준이 대법관된다

한동훈에게 이미 훈련된 능력으로 자리 잡은 것. 이슈의 본질을 단번에 궤뚫어 보는 능력이다.

한동훈은 법무부 장관 시절 신임 검사 대상 강의에서 이에 대해 언급한 적이 있다. 복잡한 사건의 본질을 단 몇 마디로 요약하는 능력이 중요하다고 했다.

그리고 그 능력을 계엄의 밤에 실전으로 보여주었다.

추경호가 대통령과 직접 통화를 하고도 어찌할지 몰라서 갈팡질팡했다. 그러나 한동훈에게 계엄의 본질은 너무도 간단하게 '불법 친위쿠데타'였고 대처도 너무나 간단했다. '목숨 걸고 막는 거'였다. 그리고 새벽이 오기 전에 그는 실제로 계엄을 해제시켰다.

박범계가 법원조직법 개정안을 예고했다. 현재 14명인 대법관을 30명으로 늘리고 대법관 임용 자격에 '학식과 덕망이 있고 각계 전문 분야에서 경험이 풍부해 법률에 관한 소양이 있는 사람'을 추가함으로써 자격요건을 완화하는 내용이 골자다.

사람들이 ×인지 된장인지를 몰라서 헷갈리는데, 한동훈의 한마디가 이 법안의 정체를 분명하게 드러나게 한다.

"김어준을 대법관 시켜서 국민을 재판하겠다는 것."

군더더기가 없다. 비로소 사람들은 이 법의 본질을 알게 되었다. 이해를 못 하던 이재명도 깨닫게 되었고, 박범계는 선거 앞두고 이상한 짓 했다고 코피 터지게 처맞았다.

붕어의 지능

낚시꾼들은 참 이상하다.

황홀한 찌 올림과 손맛을 선사하는 붕어를 상습적으로 모독한다. 방금 잡혔던 붕어를 놔주면 그 붕어는 다시 미끼를 문다고 낚시꾼들은 믿는다. 붕어의 지능이 낮기 때문이란다. 그래서 붕어 얼굴 한번 보기 위해 뜬눈으로 밤을 새우면서도 붕어가 머리 나쁘다고 흉보곤 한다.

윤석열이 김기현을 바지 사장으로 앉히기 위해 초선의원들에게 연판장을 돌리게 했다. 압도적인 지지율의 나경원이 그것 때문에 허망하게 주저앉고 말았다. 나 같은 보통의 사람들도 윤석열의 당대표 선거 개입에 분노했는데 정작 나경원 본인은 아니다.

윤석열이 부르면 쪼르르 달려간다. 구치소에서도 그랬고, 윤석열이 구속취소 된 후 관저로 부르니까 또 쪼르르 달려간다. 자존심도 없나. 혹시 스톡홀름 증후군은 아닐까? 매번 윤석열에게 이용만 당하는 듯한데, 그래도 좋다며 충성을 읊조린다.

낚시꾼에게 잡혔다가 풀려나면 다시 입질하는 붕어와 참 닮았다. 굳이 나경원의 지능을 붕어와 비교하고 싶진 않다.

기삿거리가 없는 선거

"역대 가장 조용한 선거."
"비난과 막말과 마타도우가 없는 선거."

이번 대선을 평가하는 말. 말들. 누가 들으면 아주 깨끗한 선거를 치르는 줄 알겠다.

기삿거리도 가십거리도 없다. 기자들이 불만이다. 허구한 날 꼭 같은 레퍼토리에다가 유세장에서 빠지지 않고 하는 큰 절은 식상하다. 데스크에서는 독촉하는데 기삿거리가 없으니 기자들은 난감하다.

이슈를 만들어낼 줄 모르는 무능한 국민의힘.

기삿거리를 오히려 이재명이 만들어준다. 그것도 무려 두 개씩이나. '커피 원가'와 '호텔 경제론.'

둘 다 자영업자들 억장 무너지는 이슈다. '커피 원가'는 멀쩡한 자영업자들 도둑놈 만드는 이슈이고, '호텔 경제론'은 '노쇼'를 미화하는 듯한 위험한 이슈다.

대한민국은 자영업자들의 비중이 유난히 높다. OECD 평균 15%보다 훨씬 높은 25% 정도이다. 아니나 다를까 자영업자들의 항의가 빗발친다.

한동훈이 특유의 신랄하고 매서운 공격을 시작했다. '커피 특검', '자영업자 탄핵'이라는 신랄한 저격과 함께 '노주성(노쇼 주도 성장)'이라는 신조어까지 등장시킨다. 여기서 새삼 느낀다. 한동훈은 공격의 급소를 정확히 찾아낸다.

기자들이 바빠지기 시작했다.

지난 총선에서 그놈의 지긋지긋한 대파. 우리도 '커피 원가'로 뭔가 좀 공격을 해보자 할 때 김용태가 나선다.

난데없는 '배우자 토론'의 제안. 세계사에 유례없는 아이디어이니 당연히 언론들은 여기로 시선을 돌렸다. 결국 모지리 김용태가 이재명을 구해주는 셈이 되는가보다. 이재명이 점화하고 한동훈이 지피는 불씨를 김용태가 물 뿌려 꺼뜨린다.

'국민의힘 제대로 말아먹기'의 주인공 윤석열이 빠질쏘냐. 부정선거 영화관람으로 또 이 불씨에 재를 뿌린다. 국민 비호감의 등장도 문제건만 관람하는 영화가 더 문제이다. 옆에 달고 나타난 자는 더군다나 전한길이다.

이 정도면 중도층더러 김문수 찍지 말란 얘기다.

한 번의 예외도 없이 윤석열은 '이재명 도우미'다. 이 영화 포스터의 메시지는 '6월 3일 부정선거 확신한다'이다. 6.3 대선은 김문수가 지고 그 원인은 부정선거 때문이라는 것이다.

선거판이 조용한 이유. 기사도 가십도 없는 이유는 분명하다. 지고 있는 쪽이 이기기 위한 아무 짓도 하고 있지 않기 때문이다. 선거는 지는 쪽이 부지런하게 이슈 만들어내고 태클 걸고 하며 역전을 노리는 거다.

이재명의 '부자 몸조심'은 이해가 가는데 김문수의 '거지 몸조심'은 이해가 어렵다. 김문수 캠프는 관심이 다른데 가 있는 거다. 캠프의 관심은 당권이다. 대선 이후 친윤과의 한판을 준비하는 것이 내 눈에도 보인다. 감히 얘기하자면 국민의힘에서 대선 승리를 기대하거나 원하는 세력은 없다.

패배의 책임을 전가하기 위한 작업도 진행 중이다. 이준석과의 단일화 작업이 그것이다. 해도 이길 수 없는 단일화를 추진하는 목적은 단하나다. 선거 패배의 변명을 찾는 작업이다.

인간들이 갈수록 영악해진다.

결국 오늘 뉴스 순위에서 '커피 원가'와 '호텔경제론'은 뒤로 밀렸다. 배우자 얘기는 선거에 도움이 되지 않는다. 국민으로 하여금 김건희를 떠올리게 할 뿐이다. 요새 국민의 관심은 디올 백에서 샤넬 백으로 바뀌었다.

김건희에 대한 김용태의 사과도 진정성이 떨어진다. 취임한 지 며칠 안 된 비대위원장이 선거 며칠 앞두고 하는 사과가 진정성 있게 국민 눈에 비칠 리 없다. 김용태는 쇼 무대의 소도구 같은 느낌이 자꾸 든다.

공정한 경쟁

아무리 칭찬해도 지나치지 않다.

대한민국에서 가장 깨끗하고 모범적인 단체를 하나 꼽으라고 하면 나는 서슴없이 대한양궁협회를 추천할 것이다.

한국 양궁의 업적을 보면 경이롭다. 작년 파리올림픽에선 5개 종목을 다 석권해 버렸다. 금메달이 자그마치 5개이다. 여자단체전은 1988년 올림픽에서 정식종목으로 채택된 이후 10번 다 대한민국이 우승을 차지했다. 전 세계 어느 나라도 한국을 제외하곤 이 종목에서 우승한 나라가 없다는 얘기다.

왜 한국 양궁은 이토록 강한가. 좋은 리더십을 빼놓을 수 없다. 정의선 현대차그룹 회장이 2005년 취임 이후 6회 연속 양궁협회 회장을 맡고 있다.

경영인 정의선을 유심히 보게 된다. 전 세계 메이저 자동차회사가 부침을 거듭하는 와중에도 꿋꿋하게 잘 버티고 있다. 중국 시장을 거의 포기하다시피 하면서도 미국 시장에서 기대 이상의 성과를 내고 있다. 트럼프 관세장벽을 뚫기 위해 오늘도 고군분투하고 있다.

정의선의 현대차그룹이 물심양면으로 양궁 선수들의 훈련을 돕고 있다. 전 세계 최고 수준의 서포트를 자랑한다.

서론이 너무 길었다. 양궁이 세계 최고인 이유로 제가 첫손에 꼽는 것은 '공정하고 클린한 선발 과정'이다.

개인 통산 올림픽 금메달 5개를 딴 김우진이 말한다.

"대한양궁협회는 어느 선수나 선발전을 통해 국가대표를 할 수 있게 해준다. 공정하고 클린한 과정을 통해 과거 실적이나 이력 등의 계급장을 떼고 모두가 동등한 위치에서 경쟁할 수 있다."

여느 체육단체에서 빈번하게 제기되는 선수선발 과정에서의 잡음이 양궁에서는 하나도 없다. 협회에서 자유경쟁, 무한경쟁, 공정경쟁의 원칙을 세우고 그 원칙에 집착하기 때문이다.

대한양궁협회의 대척점에 있는 단체는 어딜까? 즉 가장 불공정하고 깨끗하지 못한 선수선발 과정을 갖는 단체는 어디일까? 제가 자신 있게 추천하는 최악의 단체는 바로 국민의힘이다.

지도부의 입맛에 맞게 선발기준과 심사위원도 바꾸고, 2인 결선도 집어넣어서 특정 선수의 선발을 방해하고, 선발전의 심판을 선수로 출전시키기도 하고, 은퇴한 선수 하나 데려와 단일화 압력을 가하기도 한다.

불공정 선발 과정의 하이라이트는 한밤중에 선발공고 내고 1시간 이내에 등록신청 받기이다.

이게 국민의힘이란 대한민국 정당의 모습이다. 위에서 예를 든 비유는 대통령 후보를 선출하는 과정에서 생긴 일이다.

자 우리의 상상력을 동원해 보자. 온 국민과 언론이 다 주시하고 있는 대통령 후보를 선출하는 과정이 이렇게 추악한데, 다른 선출직은 어떨까. 국회의원 후보의 공천 과정은 어떨지 궁금하다. 김영선과 명태균 같은 더러운 스토리가 무궁무진하게 더 나올 것 같다.

  도지사, 시장, 구청장, 시의원, 도의원, 구의원 등의 공천을 들여다보면 얼마나 복마전일지 상상이 안 된다. 선출직이 이 정도면 임명직 공무원과 공기업 임원 자리는 어떨까? 수많은 명태균과 건진법사가 존재할지도 모르겠다는 생각이 든다. 수많은 불법 여론조사도.

  국민의힘 내부 경선은 국민 세금으로 지원이 되는 거로 알고 있다. 그러므로 경선과정에서의 불법과 위법은 철저히 밝혀져야 한다. 오늘 마침 보도가 나왔다. 영등포경찰서에서 권영세와 권성동 수사에 착수했단다. 이미 고발인 조사를 마쳤다는데 혐의는 단일화 강요미수와 업무방해라고 한다.

  이지 대선 2주일도 남지 않았다. 이 부도덕한 정당이 선거에서 이기기를 기대하는 사람은 없다. 후보의 지지율은 정당의 지지율에도 미치지 못한다. 정당의 지지율 정도는 따라가야 하는데 그게 쉽지 않아 보인다.

  불공정 선수선발로 유명해진 이 정당이 바로 계엄을 일으킨 전 대통령 윤석열을 싸고도는 그 국민의힘이다.

계엄을 사과하는 법

계엄의 바다를 아직 건너지 못했다.

제대로 된 사과가 없었기 때문이다. 탄핵의 바다도 건너야 하고, 후보 교체 막장 드라마도 국민의 뇌리에서 지워내야 하는데 대선은 이제 3주도 채 남지 않았다.

계엄에 대해서 김문수가 "죄송스럽게 생각한다."라고 채널A에서 인터뷰했다. 사과를 하긴 하는 모양이라고 생각하려는 찰나 친절하게도 국민의힘 선대위에서 설명이 나왔다. 계엄 자체를 사과하는 게 아니고 그 계엄으로 인해 겪었을 국민의 불편에 대해 사과하는 것이라는 친절한 해설이다.

일관성이 있다. 윤석열의 계엄 다음날 사과도 계엄 자체에 대한 사과가 아니고 '국민이 겪었을 불편'에 대한 사과였다. 일관성은 '후보 교체 막장 드라마'에서도 발견된다. 두 권가의 사과도 한밤중의 후보 교체라는 부도덕한 행위에 대한 반성과 사과가 아닌 '국민이 겪었을 불편과 심려'에 대한 사과이다.

심지어 뭘 사과하는지 모르는 사과도 있다. 작년 11월 대통령 담화에서 윤석열은 국민께 사과한다고 폴더 인사부터 하고 담화문을 읽어 내려갔다. 긴 담화가 끝나도 뭘 사과했는지 분명치 않자, 마침내 부산일보 기자가 물었다. 뭘 사과하신 거냐고. 기자의 질문에도 뭘 사과했는지 구체적으로 밝히지 못했다. 결국 사과하지 않은 것보다 더 못한 결과를 가져왔다.

윤석열이 취학연령을 1년 앞당기는 방법을 신속히 강구하라고 내각에 지시했다가 논란이 커지자, 교육부 장관을 경질했다. 이런 예는 윤석열 정부의 국정 전반에 걸쳐 많다. 윤석열은 자기 잘못을 수하에 덮어씌우길 좋아했다.

혹시 독재국가의 특징인 '최고 존엄은 무오류' 증상이 도진 건 아닐까?

북한의 박남기 전 노동당 계획재정부장은 화폐개혁 실패의 책임자로 몰려 총살되었다. 북한 주민들은 돈을 은행에 맡기질 않는다. 은행에 맡긴 돈을 국가가 떼먹고 난 후 누구도 돈을 은행에 맡기질 않는다. 집안 곳곳에 숨겨두거나 비닐에 싸서 집 근처 땅에 묻어놓는다. 그 숨겨둔 귀한 돈을 화폐개혁으로 날려 먹은 주민들의 원망이 하늘을 찔렀다. 김정은은 속죄양으로 박남기를 총살했다.

최고 존엄은 무오류다. 남쪽의 최고 존엄 윤석열과 그의 부인을 비판한 죄의 대가는 그래서 크다. 수차례 갑자기 경질되거나 보직 변경당하는 경우를 보면서 윤석열의 수하들은 그 이치를 깨닫는다. 'EXPO 부산 유치 실패'의 개망신도 이런 이치에서 나온다. 누구도 진실을 얘기하지 않는다.

한동훈의 슬픈 '수난의 역사'도 이런 이치다. 며칠 전 글에서 제가 'The 바보'라고 지칭한 한동훈은 한두 번 교훈 얻고 말일이지, 끝까지 '무결점', '무오류'인 부부의 잘못을 지적하는 바보짓을 하다가 결국 보복을 당했다. 그러면서도 부부의 잘못을 대신 사과하는 바보다.

한동훈은 국민의힘과 윤석열 부부를 대신해 국민에게 사과하는 역할을 도대체 얼마나 계속해야 하나? 그나마 한동훈의 사과라도 있었기에 김문수가 지금 유세차에라도 올라갈 수 있지 않는지 생각한다.

계엄과 탄핵 반대, 한밤중의 후보 교체는 국민에게 끼친 불편과 심려를 제외하더라도 법적, 도덕적으로 그 자체가 잘못된 행위이다. 공당으로서 뼈저린 반성과 사과가 있어야 다시 살아날 수 있는데 그것 하나 하는 게 이리 어렵다.

그래서 이번 후보 경선의 결과가 더 아쉽다. 한동훈이 되었어야 비로소 사과다운 국민 사과를 할 수 있었다. 한동훈이 대통령 후보로서 하는 사과 정도가 되어야 국민이 받아들일 수 있었는데 그 기회를 국민의힘은 또 걷어찼다.

경선에서 김문수를 찍은 국민의힘 당원들은 또 자기 손가락을 5년 동안 원망하게 될 것이다. 3년 동안 윤석열 찍은 손가락을 실컷 원망하고 난 후의 일이다. 근데 덜 억울해도 된다. 이재명을 찍은 사람들도 '5년 동안 손가락 원망하기'는 마찬가지일 테니.

김문수의 선대위 구성과 유세 장면을 보면서 느낀다. 반성이 없다. 윤석열의 오만과 고집을 그대로 보는 듯하다.

이제는 사과하기에도 너무 늦었다. 사과할 리도 없겠지만 지금 사과를 해봐야 진심으로 느끼지도 않을 것이다.

더 바보 한동훈

선거철만 되면 우리 곁으로 다가오는 정치인이 있다.

안철수를 금세 떠올릴 수 없다면 정치판에 대해 공부를 더 하셔야 한다. 허경영은 대통령 전문이지만 안철수는 전천후다. 국회의원, 대통령, 서울시장 등 업종 불문이다. 기분 나면 창당도 한다.

선거는 장날이고 자신은 장날을 피할 수 없는 운명의 장돌뱅이라고 정의한 홍준표. 홍준표 정도면 안철수와 대적이 가능하지만, 은퇴했으니 이제 과거의 인물이다. 허경영도 선거법 위반으로 피선거권이 박탈되었으니 계속 기록을 써 내려갈 정치인은 안철수밖에 없다.

문재인의 독재가 시작되었다. 적폐 청산으로 피바람이 불었다. 소득주도성장과 탈원전, 그리고 최저임금 대폭 인상으로 경제를 박살 내기 시작할 때였다.
그 어려운 시절, 국민의 고통과 근심을 같이 해줄 정치인이 없었다.

사실 모든 정치인이 선거에서 패배하면 외유를 간다. 외국 유명 대학의 연구원으로. 하와이에서 관광 다니는 홍준표는 아직 연구원 자리도 하나 못 구한 모양이다. 홍준표 캠프 사람들 이재명 캠프로 옮기는 것 보면 의심스럽다. 윤석열이 주지 않은 책임총리를 이재명이 주기로 했나 보다.

연구를 하는지 관광을 하는지 모르는 동안에 남아있는 지지자들은 패배의 상실감으로 고통스럽다. 문재인 시절. 철새 안철수는 국제 마라톤대회를 섭렵하고 있었다. 간간이 보도되는 안철수의 행적에서 실망을 느꼈다. 정치인은 영광도 국민과 함께하지만, 고통과 치욕의 세월도 같이할 수 있어야 한다고 생각했다.

한동훈에겐 잠시 해외에서 휴식을 권하고 싶었다. 딸이 미국 있으니 얼마나 좋은 핑계인가. 계엄을 목숨 걸고 막은 그날 여당 대표로서 책임을 통감한다는 핑계 대고 사표 내고 미국으로 튀는 것이 정치공학적으로 옳은 일이었다.

한동훈이 없었어도 윤석열은 탄핵이 되었을 것이고, 사표를 낸 한동훈은 배신자 오명을 쓰지 않아도 되었을 것이고, 오히려 계엄을 막아낸 용감한 행위만 더 입에 오르내렸을 것이다. 총선 직후도 마찬가지 상황이었다.

한동훈을 돕는 많은 분도 외유 권고를 했으리라 생각한다.

근데 한동훈은 그러지 않았다. 외유를 떠나지 않았다. 칩거라 해도 좋고 은거라 해도 좋다. 국내에 머무르며 간혹 발견됐다. 도서관에서 혹은 칼국숫집에서. 그가 같은 땅에서 같은 공기를 호흡하고 같이 고통을 나눈다는 생각이 들었다.

한동훈에게는 정치공학적 계산이 없다. 이준석에게는 거의 전부인 정치공학적 계산이나 처세가 한동훈에게는 없다. 그게 없어서 나는 걱정하기도 했고 안도하기도 한다.

사실 정치공학이란 점잖은 용어를 쓰긴 했지만, 그냥 구어체로 쓰면

'잔머리 굴리기'이다. 득실 표를 계산해서 유리한 쪽으로 가는 거다. 한동훈에게는 이런 '잔머리 굴리기'가 없다. 노무현을 바보라는데 나는 이러는 한동훈이 '더 바보' 같다.

그러니 그의 선택은 언제나 '이슬비 전략'이다. 뚜벅뚜벅 한 걸음 한 걸음 앞으로 전진만 한다.

그의 지지자들도 닮아간다. 대선판 쳐다보지 않고 책임 당원 한 명 또 한 명 가입시키기에 바쁘다.

한덕수의 무임승차를 논함

'무임승차'는 '무전취식'과 함께 경범죄 처벌법 3조에 의해 처벌되는 범죄이다.

'무전취식'은 피해자가 영세 자영업자들이다 보니 그 범죄의 파렴치함이 쉽게 드러난다. 흔히 '먹튀'라고 불리는 치사한 범죄이다. 그래서 '먹튀' 피해사례가 알려지면 범죄자들은 분노한 여론의 뭇매를 맞는다.

'무임승차'는 조금 다르다. 대중교통의 사업 주체가 지방정부의 지원을 받는 공기업이거나 버스회사들이다 보니 별 죄의식 없이 무임승차를 하는 사람들이 있다. 그 수가 많지 않아서 그나마 다행이다.

전 세계에서 가장 저렴하고 편리한 대중교통 시스템을 운영하다 보니 회사들은 손실이 나게 마련이고 그 손실은 지방정부에서 메꾸어준다. 만약 무임승차가 많으면 회사들의 손실을 메꾸기 위해 우리는 세금을 더 많이 내야 한다.

한덕수의 무임승차도 마찬가지다. 무임승차를 하게 되면 그만큼 우리 당원이나 국민의 돈을 축내게 된다. 우리가 내는 당비를 축내거나 국민 세금으로 지원하는 경선 비용을 축내는 거다.

단일화를 묻는 여론조사를 위해 어제 이미 수억을 썼을 것이다. 여론조사 또 하고, 전당대회와 전국위원회 또 소집한다 하니 쓸데없는 돈을 얼마나 더 써 재낄까? 당원도 아닌 '나도 호남 사람'의 무임승차를 위해 왜 내 돈을 써야 하나?

한덕수는 수십 년간 고위공직자 생활하면서 자기 집이 아닌 관저에서 긴 세월을 보냈다. 총리관저 혹은 대사관저에서 말이다. 신문로 자택은 수억씩 몇 년 치를 선불 받고 세를 주곤 했는데, 하필이면 임차인은 대한민국 정부에서 계약을 따야 할 AT&T 같은 회사이다. 참 교활한 임대업자이다.

집세 수억을 선불로 받았으면 AT&T의 공사비는 수십억을 더 국민세금으로 지불했을지도 모른다. 어제 제가 썼던 글처럼 세상에 공짜점심은 없으니까.

쌍권아, 이런 식의 단일화를 계획했으면 경선은 왜 필요했니? 안철수 말처럼 가위바위보로 정하지. 홍준표는 돈 반환해 달란다.

한덕수는 무소속으로는 후보 등록을 절대 안 하겠단다. 무임승차가 아니면 가야 할 길도 안 가겠다는 얘기다.

나라와 국민이 잘되는 길이라면 절벽에서라도 뛰어내리겠다는 한동훈. 나라와 국민이 잘되는 길이라도 무임승차 아니면 안 가겠다는 호남 호스인.

최악의 경우 후보가 둘이 되면서 법정 싸움하겠다. 5차 전당대회에서 선출된 김문수 후보와 6차 전당대회에서 선출될 한덕수 후보가.

한동훈이 이 개싸움에서 빠진 것이 너무너무 다행이다.

『경범죄 처벌법』 제3조

다음 각호의 어느 하나에 해당하는 사람은 10만 원 이하의 벌금, 구
류 또는 과료(科料)의 형으로 처벌한다.
영업용 차 또는 배 등을 타거나 다른 사람이 파는 음식을 먹고 정당한
이유 없이 제 값을 치르지 아니한 사람.

공짜 점심은 없다

공짜- 점심은 없다(There ain't no such thing as a free lunch).

"세상에 공짜가 어딨니? 유튜브 동영상 공짜로 보잖아. 공짜인 것 같아도 다 돈 내는 거야. 우리가 대신 광고를 봐주잖아? 광고를 안 보려면 월 일정액을 내야 해."

국민의힘 대통령 후보 경선도 공짜가 아니다. 1차에서 탈락한 유정복, 양향자, 이철우도 1억씩 내었다. 1억씩 내고 뭘 얻었을까? 토론회 한번 참석한 것뿐이다.

3차 경선까지 간 후보는 3억씩 냈다. 세상에 공짜 점심은 없다.

경선 후보들에게 가야 할 언론의 관심이 단일화 때문에 '나도 호남 사람'인 한덕수에게로 다 가 버렸다. 예를 들어 100억짜리 컨벤션효과가 30억짜리가 되어버렸다. 70억을 '나도 호남 사람'이 공짜로 가져간 셈이다. 우리는 이걸 도둑질이라 부른다. 한덕수가 친윤들과 공모해 다른 후보의 70억을 도둑질한 거다.

친윤들은 왜 한덕수를 도와줄까. 그 도움은 공짜일까?

용병 윤석열을 이용해서 공천 장사 짭짤하게 해 먹었다. 수천 개 임명직에 자기 사람 꽂았다. 한덕수란 용병이 베풀 미래의 그 이권이 눈에 아른거린다. 달콤한 용병의 추억이다.

나경원도 아냐. 김문수도 아냐. 역시 한덕수가 최적이야. 제일 말을 잘 들을 인물이야.

　공짜가 아닌 걸 한덕수가 모를 리 없다. 친윤들이 지지한 대가로 한덕수가 나중에 지불해야 하는 이권들. 경제학 박사인 한덕수가 위대한 경제학자 프리드먼의 '공짜 점심은 없다'를 모를 리 없다.

　그래서 한덕수는 나쁜 사람이다. 국가에 해되고 국민에게 해 되는 걸 서슴없이 하는 나쁜 사람이다. 한덕수와 단일화할 듯 사기 쳐서 최종 후보가 된 인간도 나쁜 인간이고.

　국민의힘은 바닥을 모르고 추락하고 있다. 그 바닥이 어딘지 아무도 모른다.

콘클라베

   그 과정을 전혀 알 수가 없다.

   그저 흰 연기가 피어오르면 새 교황이 선출되었음을 알 뿐이다.

   평신도들은 유력한 교황 후보가 누구인지 모르고 지지율도 모른다. 일희일비할 여론조사도 없다. 그 안에서 어떤 아름다운 양보나 혹은 비열한 음모가 일어나는지를 알 도리가 없으니 범생의 고뇌도 있을 리 없다.

   한동훈 때문에 관심 둔 정치. 매일 그 추악한 페이지 하나하나 넘기며 기록하다 스스로 지친다. 그 저속함, 비열함, 추잡함을 내 감정선은 더 이상 감내할 수 없다.

   김문수, 홍준표, 안철수가 이미 보여준 것만으로 나의 인내심은 바닥을 드러내었다. 도덕적으로 그들을 같은 보수로 받아들이기 어렵다. 한마디로 아주 상것들이다. 실력도 없는 자들이 인성도 아주 바닥이다.

   경선을 공정하게 관리해야 할 비대위원장이란 자가 당외 인사와의 단일화를 작업하고, 그걸 패배주의라고 비판하는 후보에게 '왜'라고 반문을 한다. 중립의무는 이미 엿 바꿔 먹은 지 오래다.

   그리고 한덕수가 앞으로 보여줄 그 추악한 욕망의 덩어리를 구경할 자신도 없다.

2인 결선을 도입한 이유가 추악한 보수 정치를 낱낱이 보여주기 위한 것이라면 이미 그 목적은 충분히 달성되었다. 2인 결선에 다다르기도 전에 나 같은 사람은 이미 탈진되었다. 그리고 저 저급한 수준의 정치판을 처절하게 저주한다. 국민의힘은 존재가치가 없는 정당임을 다시 한번 깨닫는다. 너희들이 날 경선 과정을 통해 계몽시킨 거다.

시스티나 성당 앞에 돗자리 하나 깔자.

몇 날 며칠이 걸릴지 모르지만, 성당 굴뚝의 흰 연기를 기다리자.

나의 토마스 아퀴나스 한이 대통령으로 선출되었다는 소식이 연기로 피어날 때까지.

한동훈, 통역은 힘들어

오늘 정견 발표에서 한동훈의 말이 빨랐다.

좋은 현상이다. 한동훈이 컨디션이 좋을 때 나오는 현상이다.

천자의 머리가 빠른 속도로 돌아가기 시작하고 아이디어가 샘솟듯이 나오기 시작하니 빨리 말로써 밀어내지 않으면 생각들이 뒤엉키게 되리라. 내 나름의 해석이다. 뇌 과학적인 근거는 없다.

어제 한동훈의 일개미들은 부지런히 곳간을 채웠다. 한동훈이 걱정 없이 경선을 뛸 수 있도록. 서로 격려하며 곳간을 가득 채워 나가는 그 모습이 아름다웠다. 11시간 걸렸다. 이재명의 23시간에 비하면 압도적이었다.

그 정성과 에너지가 분명히 한동훈에게 전해졌으리라. 그가 말이 빨라졌다.

다만

오늘 수화 통역사님이 생고생했다. 오늘 통역사의 손짓은 국회 소통관 역대 최고의 스피드를 기록했다.
한동훈은 수화 통역사들의 기피 대상이다.

짜장 시켰는데 짬뽕 나와도 그냥 먹는 한동훈

평화방송 처음 보고 「김준일의 뉴스공감」도 처음 보는데. 김준일은 좋은 앵커다. 정치 패널 관두고 앵커로 전업해라. 한동훈을 오늘 너무나 잘 살려주었다. 못 보신 분들은 한번 보시길 권한다.

한동훈이 자신의 성격에 대해서 한마디 했다. 짜장 시켰는데 잘 못해서 짬뽕이 나와도 불평하지 않고 그냥 먹는 성격이란다. 한마디로 남에게 모질지 못하고 자신이 손해 보고 마는 성격.

계엄 이후 외로웠던 심정을 절실하게 토로하기도. '내 판단에 의심이 들더라.'라는 대목에서 울컥했다.

천년고도 깨어나다

서라벌이 시끄럽다

천년 만에 잠이 깬다
이세민이 쳐들어왔나
걱정되어 잠이 깬다
선덕도 진덕도 잠이 깬다

계엄을 막은 그 사람
새로운 왕 한동훈이래
안심하고 다시 잠든다
선덕도 진덕도 다시 잠든다

정치인의 뻥튀기

과장을 체질적으로 싫어한다.

좀 유별난 편이다. 섬네일 과장되게 뽑는 유튜버 싫어한다. 한두 번 속으면 구독 취소하고 다시는 거들떠보지 않는다. 위드후니 회원들이 많이 좋아하고 한동훈에게도 우호적인 보수 유튜버인데 나는 절대 쳐다보지 않는 유튜버가 있다. 마음 바꿔 좋아하려고 노력했지만 잘되지 않더라.

'단군 이래 최고의 치적'이라고 사기치는 정치꾼이 있길래 내가 싫어하는 뻥튀기이려니 했다. 어느 날 갑자기 이 치적이 범죄 혐의로 의심받기 시작하더니 '치적의 몸통이 윤석열이다'로 바뀌더라. 자신의 치적을 경쟁자에게 돌리는 숭고한 인간 승리다.

단군 이래의 치적을 안겨준 실무 책임자를 모른다는 인간. 나 같으면 이뻐서 김문기 업고 다녔다.

그런 결코 잊지 못할 도둑 골프의 추억을 같이 쌓았던, 단군 업적을 선사해 준 김문기를 몰랐단다. 골프는 셋이 쳤지만, 바다낚시는 김문기랑 둘만 나갔다. 그런 김문기를 모른단다.

과장을 얘기하다가 거짓말 얘기로 새어버리고 말았다.

어제 토론도 자기 자랑만 늘어놓은 뻥튀기 하나 있어서 참지 못하고 방송 끄고 말았다. 미국 정치인 혼자 다 아는 것처럼 뻥튀기는 인간.

한동훈의 말에는 이런 과장이 없다. 자신이 잘한 걸 얘기할 때는 좀 겸연쩍어한다. 그게 한동훈의 매력이기도 하다.

박상수가 소개한 강릉 18전투비행단 군법무단에 전설로 내려오는 얘기. 본인은 겸연쩍어하며 철이 없던 시절의 얘기로 치부하고 만다. 그런 식이다. 항상 한동훈의 업적, 미담을 얘기하는 건 한동훈의 주위 사람들이다.

한동훈의 말에는 과장이 없다. 그래서 좋다.

한동훈의 말과 행동

윤석만이 얼마 전 흥미로운 개념 하나를 소개했다.

'구어와 문어의 싱크로율'이란 개념이다.

한동훈은 구어와 문어의 싱크로율이 굉장히 높다고 한다. 즉 '말하듯이 쓰고, 쓰는 듯이 말한다.' 한동훈의 말에서 품위를 느끼는 이유이다. 『국민이 먼저입니다』를 우리가 단숨에 읽어 내려갈 수 있었던 이유이다.

이 아름다운 개념을 발전시켜 거짓말 잘하는 정치인들이 하는 말의 성찬을 파헤쳐보자. AI를 이용해서 정치인들의 다음 3가지를 측정해보고 싶다.

1. 말과 행동의 싱크로율
2. 말과 팩트의 싱크로율
3. 과거의 말과 오늘 하는 말의 싱크로율

미국의 어느 컨설팅회사가 기업의 임원들을 대상으로 조사를 했다. 가장 중요한 리더십 덕목에 관한 조사였는데, 단연 1등을 한 덕목은 언행일치(Consistency in saying and doing)였다.

이 중요한 덕목이 가장 잘 지켜지지 않는 곳이 정치판이고, 그 지켜지지 않음이 가장 당연하게 받아들여지는 곳 또한 정치판이다.

'말과 행동의 싱크로율'은 선거의 공약을 얼마나 지키는가와도 연관이 된다. 선거에서 공약을 남발하지만, 지켜지는 것은 거의 없다. 얼마나 지켜지는지 알 방법도 없다. 개인의 공약도 그러하고 정당의 공약도 그러하다. 언론이 해 줘야 할 일이 여기서 드러난다. 정치인과 정당의 공약 이행도를 측정해서 신뢰도 평가에 넣도록 하자. 이것을 언론의 감시 기능이라 한다.

'내가 ××하다고 했더니 진짜 ××하는 줄 안다.'라는 이재명의 명언은 지금도 정치인의 허언을 지적할 때 가장 빈번히 인용되는 말이다. 근데 모든 정치인이 이재명 같으니, 말과 행동이 달라도 별문제가 없는 곳이 정치판이다.

방송 카메라가 켜져 있을 때 정치인이 하는 말과 행동은 배우의 연기라고 생각하면 된다. 간혹 카메라나 마이크가 켜진 걸 모르고 연기 아닌 진실을 얘기했다가 곤욕을 치르기도 한다. 그런 면에서 정치인과 연예인은 닮았다.

"카메라 앞에서 할 수 없는 말과 행동은 카메라 없는 곳에서도 하면 안 된다."

이 말은 JYP 엔터테인먼트의 CCO 박진영이 걸그룹 '니쥬'가 데뷔할 때 멤버들에게 준 충고이다. 평생을 되새길 가치 있는 말이라 생각한다. 박진영 씨, 제발 정치인들에게도 이 말 좀 해주세요.

정치인의 말은 영혼이 없다. 오늘 토론회에서도 국민의 눈과 귀가 고문을 당했다. 세 사람 수준 미달 정치인이 쏟아내는 배설물에 코를 막아도 냄새가 난다. 어제 제 글에 쓴 대로 봉숭아학당의 학예발표회였다. 어떻게 이걸 토론회라 이름 붙이나. 대한민국의 모든 분야가 1류인데 정치는 여전히 4류이다. 국민의힘은 민주당보다 나은 것이 없다. 오늘 새삼 한 번 더 깨닫는다.

정치인의 말은 팩트와 상관이 없다. 선거법에 저촉되어 직책과 피선거권을 잃는 경우가 비일비재다. 소위 말하는 허위사실 유포다. 이재명의 항소심이 무죄가 되었으니 이제 정치판에서 말과 팩트의 싱크로율은 더 낮아지겠다.

팩트 체크를 미국 대선 토론 현장에서는 즉석에서 해주더라. 트럼프가 불법 이민자들이 고양이를 잡아먹는다는 허위 사실을 얘기하자 전담 앵커가 바로 팩트 체크를 해준다. 우리도 이런 것은 도입하자. 그래서 정치인들 거짓말 좀 못 하게 하자.

'과거에 한 말과 오늘 하는 말의 싱크로율'은 '일관성'이라 일컫는다. '조만대장경'에서 조국의 말들은 서로 충돌하며 피 흘린다. 이재명도 조국 못지않다. 일관성 없는 말들은 홍준표처럼 '나오는 대로 씨부린다' 타입에서도 많이 발견된다(씨부린다는 '씨불인다'의 잘못된 표현. 의미는 쓸데없는 말을 지껄인다'는 뜻. '홍준표가 말한다'보다 '홍준표가 씨부린다'가 항상 어울린다).
한동훈의 지지자로서 나는 한동훈의 말을 매일 모니터링한다. 그래서 세 가지 항목의 싱크로율이 어느 정치인보다 높다는 것을 보증할 수 있다.

정치인 한동훈과 자연인 한동훈이 다르지 않다. 그리고 정치인 한동훈의 말도 자연인 한동훈의 말과 다르지 않다.

외눈박이들만 사는 섬

한동훈이 얼마 전 방송 인터뷰에서 밝힌 얘기.

당의 중진의원에게 물었다. "만약 의원님이 당의 대표였다면, 12.3 계엄의 밤에 어떻게 대처하였겠습니까?" 이 중진의원은 한참 고민하다가 결국 아무런 대답을 못 했다고 한다.

이 중진에게 다른 질문을 던졌다고 가정해 보자. 질문자는 누구라도 상관없다. 똑같은 상황에서 여야만 바뀐 상황이다. "이재명이 대통령인데 계엄을 일으켰다. 당신이 야당의 대표라면 계엄의 밤에 어떻게 대처했을까?"

이분 실제론 겁이 나서 도망을 갈지도 모르고, 이재명처럼 숲속에 숨을지도 모르지만, 그래도 "의원들을 규합해 계엄 해제 의결에 앞장설 것이다."라고 정답을 얘기할 것이다.

여기서 토론의 주제를 오픈한다. 정치적 옳음에 관한 주제이다.

우리 편이 일으킨 계엄은 당사에서 TV로 구경하고, 남의 편이 일으킨 계엄은 앞장서서 막아야 한다는 것. 그것은 옳은 일인가. 이율배반이 아닌가. 정치적 옳음이란 것은 정파의 이해 때문에 무시되고 바뀌어도 좋은 것인가.

한동훈은 정말 이상하다고 생각한다. 고민할 필요가 전혀 없을 것처럼 보이는 질문에 고민하는 이 중진이 이상하다고 생각한다.

누가 일으켰냐에 상관없이, 군대를 의회에 투입한 계엄을 반대하는데 왜 고민이 필요한가? 아버지가 일으킨 계엄이라도 불법이라면 당연히 막아야 하는 거라고 한동훈은 항변한다.

이 봉숭아학당이란 외딴섬에는 외눈박이만 산다. 눈 두 개 가진 사람들이 보는 넓은 세상을 얘기해주어도 듣지도 믿지도 않는다. 이단자로 배척한다. 그러다 보니 눈 두 개 가졌던 사람도 세월이 지나면 어느새 외눈박이가 된다. 그걸 적응이라고 부르고, 중진들은 적자 생존한 인물로 대우받는다. 초선들은 그래서 눈 하나 아예 가리고 다닌다.

윤석열이 독대 안 해주고 한동훈 애먹이던 시절. 어느 일간지는 '갈라파고스에 사는 대통령'이란 사설을 게재했었다. 갈라파고스 주민들이 불쾌할까 봐 나는 '외딴섬'으로 바꿔 부른다.

파면이 되어도 외딴섬의 전직 대통령 윤석열은 자기가 이기고 온 줄 안다. 외눈박이들은 아직도 그들만의 리그에서 비상식을 숭배하며 산다. 승리를 방해하는 윤석열 때문에 내 가슴은 타고 또 탄다. 온갖 방법이 다 동원된다. 어저께는 신당 창당 건으로 또 나를 거의 미치게 만들었다.

오늘 후보토론회 보니 두 눈 제대로 달린 사람 한동훈뿐이더라.

아무리 감추려 해도 감출 수 없는 명품의 자태. 경선의 결과를 쉽게 예측할 수 있는 이유이다.

그의 부인도 참 대단하다

나 자신은 참 대단한 일이라고 평가하는데, 그냥 주목받지 못하고 지나간 두 가지 사실이 있다.

하나는 한동훈 부인의 일이다.

계엄의 밤 극한상황이 대충 정리되고 한동훈이 집에 전화한 것이 새벽 5시가 지나서이다. 목숨 걸고 계엄을 막으러 국회의사당으로 뛰어든 사람이, 새벽 5시에 상황이 다 끝난 뒤 집에 전화를 한다. 전화를 받은 부인은 TV를 통해 상황을 알고 있었노라고 대답한다.

한동훈의 공적인 마인드도 대단하지만, 부인도 참 대단하다. 군인을 태운 헬기가 국회에 투입되고, 중무장한 군인들이 유리창을 깨고 국회 안으로 진입하는 모습을 TV로 보면서 그 마음이 어땠을지 짐작이 간다. 그러면서도 전화 걸기를 자제하며 새벽을 기다린 그의 부인은 도대체 어떤 분일까. 어떤 생각을 가진 분일까?

길게 멋진 칭찬을 늘어놓을 수 있을 듯한데 그러지 않겠다.

그날 밤 두 번째 이야기.

계엄의 밤 한동훈이 당사에 도착한 11시 5분경. 체포되거나 혹은 그보다 더한 사태에 대비해 한동훈은 영상을 남기고 싶었다. 어떤 언론도 대통령의 계엄을 그 시간에 감히 위법·불법으로 부르는 게 쉽지 않음을 한동훈은 알고 있었다. (계엄 때 권력이 언론사 하나 날리는 건 너무나 쉬운 일이다). 여당의 대표가 그 물꼬를 터 준다면 언론사들에 그 이상 고마운 일이 없을 테지.

당사엔 기자들이 없었다. 유일하게 눈에 띈 채널 A 기자에게 휴대폰으로라도 찍어서 다른 언론사 기자들에게도 영상을 배포해달라고 부탁했다. 한동훈의 부탁을 들은 그 기자는 정확히 약속을 지켰다. 휴대폰으로 찍은 그 영상은 금세 모든 언론사에 배포되어 즉시 보도되었고, 한동훈의 메시지가 국민에게 잘 전달되었다.

여당 대표의 이 메시지는 불안했던 국민의 마음을 안심시켰고, 언론들은 '불법·위법한 계엄'이란 표현을 여당 대표의 발언을 인용하여 마음껏 쓸 수 있었으며, 계엄에 동원된 군인들에게도 성공할 수 없는 계엄, 무력을 자제해야 한다는 경각의 메시지를 분명히 주었다.

내가 하고 싶은 말은 사실 이 채널A 기자에 대한 것이다. 기자에게 이런 특종의 기회는 평생 한 번 올까 말까인데, 그는 영웅이 될 수 있었던 이 기회를 날리고 채널A 단독보도로 취급하지 않았다. 믿기 어렵다. 이런 기자가 있다니. 그가 돈과 명예를 포기한 덕에 더 많은 국민이 한동훈의 동영상을 더 빠른 시간에 접할 수 있게 되었다. 여당 대표의 이 영상을 보고 적지 않은 국민이 안도했으리라 생각한다.

유인태는 그 동영상을 보고 다시 잠자리에 들었다고 한다. 유인태도 대단하다.

자유의 가치

어제 대학생포럼을 재미있게 보았다.

젊은 정치인과 더 젊은 청년들의 대화는 제목만 봐도 흥미롭다. 그 걸 엿보고 엿듣는 즐거움을 누렸다.

계엄에 연계해 한동훈이 자유에 관한 담론을 꺼낸 것이 새로웠다. 계엄을 해프닝이라고 치부하는 자도 있었고 계엄에 대한 정치공학적 해석만 난무하다 보니 국민의 기본권과 연관해서 계엄을 성찰하는 진 지함이 부족했다.

한동훈이 '조르바'를 불러 환기해 준 자유. 한동훈은 학생 때 '희랍인 조르바'의 자유로운 영혼에 반했던 모양이다. 영화가 기억에 남는다. 누구도 대체할 수 없는 '안소니 퀸'의 압도적인 연기였다.

지옥에서 천국으로 이사한 느낌이 궁금하면 탈북자들의 얘기를 들 어보면 된다. 탈북자들이 얘기하는 자유는 너무 간절해서 숙연해진다. 대한민국에서 자기 차를 운전하는 현실이 탈북자들은 믿어지지 않는 다. 그 차를 몰고 대한민국의 어느 지방도 갈 수 있는 자유를 누리는 사실은 더욱더 꿈만 같다.

계엄을 해프닝이라는 홍준표의 궤변은 군사독재 시대를 경험했던 사람들에게 정말 경악스럽다. 집회의 자유도 표현의 자유도 없던 시절 이었다. 작년에 세상 떠난 김민기가 작곡하고 양희은이 불렀던 국민

애창곡 '아침이슬'이 금지곡이었던 암울한 시절이었다.

자유가 넘치도록 풍요하니 그 가치를 모른다. 보통의 사람들에게 계엄의 본질은 국민의 자유를 제한하는 일이다. 집회의 자유, 표현의 자유를 제한하는 일 말이다.

장담컨대 대한민국의 국민은 이런 자유를 제한받고는 하루도 살 수가 없다. 그런 계엄을 해프닝이니 계몽이니 얘기하는 건 미친 짓이고, 그런 계엄의 주범을 벌주는 데 반대하는 것은 더 미친 짓이다.

우연히 엿들은 젊은 정치인과 더 젊은이들의 대화에서 자유가 거론되는 것이 새삼 새롭게 느껴진다.

한동훈의 지지자가 되고 나서
부쩍 많아진 두 가지

누가 한동훈의 영상에 최루를 발랐나. 한동훈의 영상만 보면 눈물이 난다. 그제 연극관람으로 활동을 재개하는 날 중계 영상을 보며 또 눈물이 났다. 수건 하나를 다 적셨다. 오늘 북콘서트도 마찬가지다. 오늘은 수건 두 개다. 왜 그런지 알 수가 없다.

나는 왜 한동훈이 빛나지 않으면 화가 나는가. 그제 TV조선 윤정호 때문에 화가 나는 걸 참을 수 없었다. 할 수 없이 어제 오전에 분노의 글 하나 올렸다. 어제는 박근혜의 지적질 때문에 또 화를 참기 어려웠다. 왜 이렇게 화가 나는지 그 이유를 모르겠다.

한등훈을 지지하고 응원하게 된 이후 부쩍 늘어난 두 가지. 바로 눈물과 화(火)이다.

정치인의 말

사람들이 하는 말을 직업별로 분류해서 그 무게를 재어본다면 정치인 그룹이 제일 가벼울 것이라 확신한다.

입에서 나오는 말 중에서 참말의 비율을 측정해 본다면 제일 낮게 나오는 것이 또한 정치인의 것이라 확신한다.

참말이 별로 없다. 거짓이 태반이다. 정치를 오래 한 자일수록 거짓말이 많다. 거짓 빼고 나면 별로 남는 게 없는데 그중에서 오물이나 배설물 수준의 막말 빼고 나면 1도 남는 게 없다.

며칠 전 홍준표가 모 토론프로그램에 나온다고 해서 실험적 측정을 해보았다. 나는 그 프로그램을 십여 년간 본 적이 없다. 순수한 실험적 목적으로 딱 10분만 시청해 보았는데.

정말 놀라웠다. 명태균과 관계가 없다는 거짓말과 다른 후보를 비방하는 막말을 빼고 나니 남는 게 없었다. 이딴 오물 같은 출연자와 말을 시청자에게 선사하는 오물 같은 방송이라니.

한동훈이 시대 교체와 개헌론을 던졌다. 위드후니 게시판과 각종 보도에서 임기 단축 약속에 대한 반응이 놀랍다.

위드후니 게시판의 반응은 대부분 서운함이다. 3년이 지나면 볼 수 없을 거란 서운함이 게시판을 뒤덮었다. 왜 한동훈은 맨날 양보만 하냐고 슬퍼한다. 언론 진보 패널들 반응은 '3년 동안 대통령이 할 수 있는 일이 뭐가 있겠냐?'라는 회의론이다.

이상한 일이다. 한동훈 말의 진실성에 대한 의문은 하나도 없다. 이재명 같았으면 '내가 임기 단축한다고 했더니 진짜 하는 줄 알아?'가 반드시 나왔다. 한동훈 얘기는 일단 믿고 들어준단 얘기인가.

설득의 3요소 중에서 에토스(Ethos)에 관한 것이다. 정치인의 말은 너무 자주 바뀌어 어지럽다. 진보와 보수 사이를 너무 자주 왕래하기도 하고, 툰체포특권을 포기한다고 해놓고 이틀 후 병원 침대에서 취소하기도 한다. 대통령의 거짓말도 이제 국민에게 너무 익숙하다. 계엄 수습을 당이 알아서 해달라 해놓고선 바로 며칠 만에 뒤집어버렸다. 에토스가 없는 그의 말은 국민이 더 이상 신뢰하지 않는다. 대왕고래 프로젝트는 그래서 대통령이 아닌 산자부 장관이 발표해야 했다.

한동훈은 짧은 정치 경력이지만 에토스가 가장 높은 정치인이다. 총선 불출마 약속을 지켰기에 임기 단축 약속을 지킬 것이라 사람들은 믿는다. 계엄의 밤에 '국민과 함께 막겠다'는 약속을 목숨 걸고 지켰기에 임기 단축 약속을 지킬 거라 믿는다.

언헝일치(Consistency in saying and doing)를 리더십의 최고 덕목으로 뽑는다. 미국의 기업 임원들을 대상으로 한 조사에서 나온 결론이다.

대부분 정치인이 하는 말은 지켜지지 않는다. 정치인의 말은 그래서 레토릭일 뿐이다. 어느 정도 이해는 하지만 대한민국의 중진 정치인들은 도가 심하다.

나는 한동훈의 열렬한 지지자이기도 하지만 한동훈 언행일치에 대한 감시자이기도 하다. 그는 작은 약속도 지킨다. 홍정기 일병 어머니와의 약속도 지킨다. 오늘 한상국 상사의 부인도 증언했다. 한동훈은 가장 약속을 잘 지키는 정치인이라고. 그의 신뢰 자본은 그래서 자꾸 쌓여간다.

　67%라는 높은 지지율. 잠시 그를 떠났다. 나는 그게 어디쯤 있는지 느낀다. 봄이 어디쯤 왔는지를 느끼듯. 미세한 바람 속에도 그 냄새와 느낌을 안다.

광화문의 순례 행렬

광화문 교보빌딩 뒤편이 어떤 모습인지 갑자기 생각이 나지 않는다.

명색이 광화문통이었는데.

광화문을 중심으로 서대문에서 종로5가까지는 모든 뒷골목이 아직 낮익다. 덕수궁 돌담을 끼고 정동길을 따라 신문로로 나오는 길은 내가 가장 좋아하는 산책길이었다. 이문세 노래는 광화문과 정동길이 많이 나와서 그래서 좋다.

오늘 드디어 한동훈의 책 『국민이 먼저입니다』가 판매를 시작했다. 늘어선 줄이 건물의 4분의 3을 둘렀다는 글까지 읽었다.

새벽부터 몇 시간을 기다려 책을 사는 일은 일종의 고행이다. 그리고 일종의 고행이기 때문에 더 뜻이 깊다. 대부분 순례는 약간의 고행을 동반한다. 고행이 있음으로 순례의 의미는 더 빛난다.

한동훈 세 번째 도전의 시작이 오늘이라고 생각해도 될까. 그 도전의 성공을 기원하는 바람이 있다. 그 바람은 길고 또 간절해서 오늘 마침내 광화문에서 순례의 행렬을 이루었다.

국민을 지키는 개

어떤 개 정도가 되어야 국민을 지킨다고 할 수 있을까?

튀르키예의 캉갈, 몽골의 방카르, 티베트의 마스티프 정도가 머리에 떠오른다. 세 국민 개의 공통점은 유목민의 재산인 가축을 지킨다는 점, 그리고 곰이나 늑대 등의 맹수와 목숨을 걸고 맞설 수 있는 용기, 마지막으로 싸움 실력이다.

한동훈의 이재명에 대한 비판 한마디는 사실 모든 국민이 두려워하는 이재명 포비아의 일면이었다. 구체적으로 한동훈이 짚어 주니 더 가시적으로 된다.

비판에 대한 이재명의 반응은 상투적인 동물 비유 막말이다. 주로 인용되는 개나 돼지 중 개를 골랐다. 식상하다.

한동훈의 회신은 우아하면서도 통쾌하다. '기꺼이 국민을 지키는 개가 되겠다.'이다. '국민을 지키는 개.' 여러 번 얘기했지만 한동훈의 언어는 기존 정치인의 언어와 많이 다르다. 품위가 있다. 그러면서도 사람의 폐부를 찌른다.

한동훈은 국민을 지키는 좋은 개이다. 목숨을 걸고 계엄을 막아선 용기. 그리고 갖추어진 실력으로 우리 국민을 지켜줄 대한민국의 국민견이다.

참고로 대한민국의 1500만 인구가 반려견을 기른다.

한동훈은 이날 출간된 저서 『국민이 먼저입니다』에서 "한국에서 가장 위험한 인물이 이재명 민주당 대표"라며 "이재명 대표가 행정부까지 장악하면 사법부 유죄 판결을 막으려고 계엄이나 처벌 규정 개정 같은 극단적 수단을 쓸 수 있다."라고 평가했다. 이외에도 "이재명 정권 탄생을 막기 위해서 계엄의 바다를 건너자."라고도 썼다.

그러자 이재명이 한동훈을 향해 "부처 눈에는 부처가 보이고, 개 눈에는 뭐만 보인다."라고 말했다.
한 전 대표는 이 발언을 인용하며, 자신은 '기꺼이 국민을 지키는 개'가 되겠다고 강조했다.

한동훈 지지는 지능 순

　북한 문제에 관심이 많고 탈북 관련 유튜브를 즐겨 보는 편이다. 탈북자들끼리 나누는 말 중에 '탈북은 지능 순이다.'라는 말이 있다. 한 마디로 똑똑한 북한 주민이 먼저 탈북한다는 얘기다.

　북한당국은 하나 있는 TV 채널을 통해 대한민국의 시위 현장을 많이 보여준다고 한다. 보여주는 목적은 빤한데, 똑똑한 북한 주민들은 시위대가 입고 있는 옷과 신고 있는 신발만 본다. 그리고 남조선이 얼마나 잘사는지를 대번 짐작한다.

　더 똑똑한 북한 주민은 대한민국이 얼마나 자유로운 지를 시위 풍경에서 실감한다고 한다. 그래서 이렇게 깨우친 사람들 먼저 탈북을 시작했는데 그 인원이 이미 3만 5천 명이다.

　토론프로그램『국민맞수』라고 있는 모양인데, 오늘 민주당 김한규 의원이 출연했다고 한다. 그리고 한동훈의 등판에 대해 '걱정'과 '우려'를 두 번이나 표했다고 한다. 내가 보기엔 김한규가 민주당에서 지능지수가 제일 높다. 김한규 정도 지능 수준이면 한동훈이 쓴 책『국민이 먼저입니다』예약주문도 벌써 했을 듯싶다.

　국민의힘에서도 이미 한동훈 지지를 표한 사람들은 지능이 높은 사람들이다. 한동훈의 깨끗한 성품과 국민을 위한 열정을 일찍이 알아보신 이분들은 정말 지능이 높다. 계엄과 탄핵의 정국에 침묵하고 있지만 이분들 지능은 최고 수준이다.

아직 한동훈 지지하지 않고 있는 분들, 알아서들 지능 속히 높이시길 바란다.

탈북은 지능 순이고, 한동훈 지지도 지능 순이다.

삼좌사우(三左四右)

　지금은 쓰이지 않는 말 중에 삼한사온(三寒四溫)이 있다. 사나흘 추웠다가 사나흘 따뜻한 현상이 겨우내 반복되는 현상이다.

　기후변화로 지금은 없어져 버린 옛것이 되었지만, 우리 부모님 세대는 슬기롭게 이 자연현상을 이용했었다. 혹독한 추위의 사나흘은 움츠리고 있다가 따뜻해지는 사나흘 동안 밀린 겨울 빨래 등을 하곤 했다. 세탁기도 없고 마당에 빨랫줄이 처져 있던 시절의 풍경이다.

　미세먼지가 많이 나타나는 봄철에는 삼한사미(三寒四微), 삼청사미(三清四微)라는 신조어가 쓰인다. 북서풍이 한 삼일 강하게 불면 미세먼지가 쓸려나가고 바람이 그치면 미세먼지가 나타나는 현상을 말한다.

　이재명이 난폭운전을 해댄다. 좌우로 핸들을 하도 자주 꺾어서 국민은 멀미 날 판이다. 삼일은 진보좌파 본색을 드러내지만, 나흘은 보수우파 흉내를 낸다. 위장과 변장 중에 어떤 표현이 좋을지 고민하다가 그냥 위장보수로 부르기로 했다.

　삼좌사우(三左四右)라는 신조어를 위장보수 이재명에게 선사한다.

이준석이 한동훈을 미워하는 이유

강서구청장 보궐선거 이후 국민의힘은 크게 흔들리고 있었다. 국민의힘 귀책 사유로 인한 선거였으니 애초에 후보를 내지 않아도 좋았을 선거였다. 대통령이 뛰어들면서 선거판이 커지고 말았다. 사면(赦免)에서 후보의 임명까지 대통령이 관여했으니 대통령을 심판하는 선거로 변질되고 말았다.

이 선거의 승패를 이준석이 예측했고 정확히 들어맞았다. 그는 이 선거에 나타난 민심을 제대로 읽고 있었다. 그리고 이미 흔들리기 시작한 국민의힘을 자신의 탈당과 신당 창당을 통해서 마음껏 더 흔들고 싶었다. 자신의 정치적 영향력을 이 기회에 제대로 과시하고 싶었다. 그리고 한동훈이 나타나기 전까지 이 계획은 잘 진행되는 듯 보였다.

성탄절 공휴일을 쉰 다음날, 한동훈이 국민의힘의 비대위원장으로 취임한다. 그리고 그다음 날인 12월 27일 이준석이 국민의힘을 탈당했다. 이후 모든 것이 이준석의 생각과 어긋났다. 이준석의 신당으로 모여야 할 언론의 관심이 모두 한동훈에게로 갔다.

국힘의 공천 탈락자들을 신당에서 공천할 때 전체 총선 판에 끼칠 영향이 상당할 거로 생각했다. 그리고 적지 않은 수의 현역의원들이 탈당할 것으로 예상했다. 그러나 모든 것이 이준석의 생각대로 되지 않았다.

이준석의 계획이 빗나간 원인은 오직 하나였다고 생각한다. 자신의 장점이었던 젊음과 참신성, 그리고 언론의 관심까지 앗아 가버린 한동훈 때문이었다.

　미워할 만한 충분한 이유였다. 이후 그의 잡스러운 시비와 견제가 시작되었다. 한동훈이 출근길에 들고 있던 커피가 연출사진이었다는 의혹 제기가 첫 번째. 가장 최근의 '손자 볼 나이'까지. 대부분 정책 이슈가 아닌 이미지를 깎아내리려는 의도였다. 이준석의 한동훈에 대한 생각을 엿볼 수 있는 대목이다.

계엄의 밤에 보게 된 다른 인품들

12.3 계엄의 밤에 마주친 첫 번째 품성은 윤석열 대통령의 분노와 집착이었다. 「모비딕」의 외다리 선장 에이허브를 연상시켰다. 에이허브의 분노와 집착은 많은 선원들을 죽음으로 내몰았다. 윤석열의 분노와 집착도 많은 군인, 공무원들을 파멸로 내몰았다. 오늘도 56명의 청년이 폭동의 가담자로 구속되었다. 다 윤석열의 무모한 분노와 집착 때문이다.

계엄의 밤에 두 번째 만난 품성은 무책임이었다. 책임을 다한다는 것은 있어야 할 자리에 있는 것이다. 그날 밤 국회 본회의장에서 계엄해제 의결에 참가한 여당의 국회의원은 18명뿐이었다. 나머지 국회의원들은 있어야 할 자리에 있지 않았다. 우리는 이것을 무책임이라고 부른다. 이 무책임에 대해서는 언젠가 적절한 평가가 있어야 한다.

마지막으로 얘기하고 싶은 덕목은 용기이다. 한동훈은 귓갓길에 전화를 받는다. 고위관계자로부터 계엄을 귀띔받은 것이다. 목숨이 위험하다고 했다. 전화기를 버리라고 했고 가족들도 피신해야 한다고 했다. 그 자리에서 국회로 차를 돌린 한동훈은 제일 먼저 반계엄 성명을 내었고 국회의원들도 회피한 국회 본회의장을 무단(?) 침입해 계엄해제 의결을 지휘했다. 우리는 이것을 용기라 부른다. 이 용기가 없었으면 국힘은 국민에게서 폐족을 명받았으리라.

그날 밤, 한동훈이 보여준 진정한 용기가 제대로 평가받았으면 좋겠다.

윤희석이 전한 반가운 안부.
한동훈에겐 권력의지가 있다

　윤희석이 전한다. 지난 연말에 한동훈과 차 한 잔 함께 할 기회가 있었다고. 그리고 고백한다. 한동훈과 함께 한 지난 1년이 너무 행복한 시간이었노라고.

　펄쩍 뛰고 싶을 정도로 반가웠던 얘기는 한동훈에게서 권력에 대한 의지를 느꼈다는 것. 윤희석의 얘기는 신뢰가 간다. 이분은 과장이 없다. 한동훈 지지자인 저에게 이 이상 반가운 얘기는 없다.

　항상 한동훈을 볼 때마다 권력에 대한 애착이 없다고 느꼈다. 그것이 한동훈의 장점이라고 생각하면서도, 그래도 권력에 대한 욕심이 좀 있어 보였으면 했다. 의지면 어떻고, 욕심이면 어떤가. 한동훈에게 있으면 다 좋은 것들.

　모처럼 기분 좋은 얘기. 고맙다.

이재명의 '마취개혁론'

"불편해하는 사람들을 수술대 위로 살살 꾀어서 마취하고 잠들었다가 일어났는데 '아 배를 갈랐나보다, 혹을 뗐구나' 생각하게 만드는 게 개혁."

'호텔경제론'에 이어 이재명의 '마취개혁론'이 나왔다. 언뜻 읽다가 불법 장기 매매에 관한 기사인 줄 알았다. 아무리 비유라지만 끔찍하다. 수술등의서 없이 환자를 마취시킨 후 배를 가르는 불법 의료행위를 연상시키기도 한다. 끔찍하긴 마찬가지다.

뇌 구조가 어떻게 된 사람이길래 이런 상상과 비유를 할까? 이재명에게 국민이란 무엇일까? 이재명에게 국민이란 정상적으로는 설득이 되지 않는 바보들이다. 그러니 거짓말로 살살 꾀어서 마취를 시켜야 하는 존재이다.

한동훈은 지난 총선에서 목이 터져라 외쳤다. "제 답안지가 맞다고 우기지 않겠습니다. 국민이 싫어한다면 고치고 고치고 또 고치겠습니다."

국민이 싫어하는 답안지는 몇 번이고 고치겠다는 정치인과 국민을 꾀어서 마취시키겠다는 정치인을 비교해 보시길 바란다.

이재명에게 국민은 우매한 존재에 불과하다. 정상적으로는 설득이 불가해서 꾀고 마취를 시켜야 하는, 의식 없는 몽매한 것들이다.

한동훈에게 국민은 정치인의 잘못된 답안지를 고쳐줄 수 있는 존중의 대상이다. 그들의 의식이 살아있음을 안다. 그들과 가치의 연대를 하고 싶어서 한동훈은 '동료 시민'이라고 부른다.

이재명이 하는 짓을 '국민 무시', 한동훈이 하는 일을 '국민 존중'이라 부른다.

이재명의 자주국방

이재명이 "외국 군대가 없으면 자주국방이 불가능한 것처럼 생각하는 것은 굴종적 사고."라고 주장했다.

이재명이 외국 군대라 부르는 유엔군이 없었으면 오늘날의 대한민국은 없다. 내가 '오늘날의 대한민국'이라 함은 오늘날 대한민국의 '번영'을 얘기하는 것이 아니라 대한민국 그 자체의 '존속'을 뜻한다. 즉, 유엔군이 없었다면 지금의 대한민국이란 국가는 존재하지도 않았다. 국가의 존망에 관한 문제이기 때문에 한동훈은 안보를 '죽고 사는 문제'라 부른다.

이재명이 북한과 대한민국의 국방력을 열심히 비교 설명했다. 대한민국의 병력은 적지만 걱정 없다고 했다. 첨단장비와 경제력 때문에 안심해도 된다고 했다. 대통령이 해야 할 말이 아니다. 사실 대통령의 언행은 그 반대가 되어야 한다. 영토 수호의 책임이 있는 대통령은 영토 수호의 책임이 없는 사람들의 안보의식과 경계 태세가 느슨해짐을 끊임없이 경계해야 한다. '첨단장비와 압도적인 경제력에도 불구하고 북한의 우월한 비대칭전력 때문에 방심해서는 안 된다.'가 제대로 된 대통령의 발언이다.

북한과 대한민국의 단순 전력 비교는 의미가 없다. 역사상 전쟁은 국가 하나와 다른 국가 하나만의 싸움이 아닌 집단 간의 싸움이 적지 않았다. 잊지 말아야 할 6·25전쟁도 소련의 북한 지원이 있었고 중공의 직접 참전이 있었다. 대한민국 대통령은 이런 가상의 적국 연합에 대해서도 대책이 있어야 하고 대비를 해야 한다. 지금 우크라이나 전쟁에 북한군이 직접 참전하고 있음을 잊지 말아야 한다. 중국과 북한 간의 군사동맹에 대해서도 그 본질을 이해하고 있어야 한다.

참담한 전쟁을 겪고 있는 우크라이나 국민이 제일 부러워하는 나라가 대한민국이다. 우크라이나가 미국과 '한미 상호 방위조약' 같은 것을 맺고 있었다면 러시아가 감히 침략할 수가 없었다. 침략 시 미국이 자동으로 전쟁에 개입하기 때문이다.

우크라이나 전쟁이 발발하자 유럽의 많은 국가가 나토가입을 시도했고 실제 스웨덴과 핀란드가 서둘러 나토에 가입했다. 러시아가 우크라이나의 나토가입을 저지하기 위해 일으킨 전쟁 때문에 많은 유럽 국가의 나토가입을 촉진하는 결과를 낳았다. 우크라이나는 휴전 조건에 나토가입 승인을 넣고 있다.

집단방위체제에 가입하거나 외국과 연합하여 자국의 안보를 지키는 것은 굴종적 사고가 아니다. 나토에 가입한 유럽 국가들과 국민의 사고는 절대 굴종적이지 않다. 나토가입을 간절히 원하는 우크라이나 국민의 사고도 결코 굴종적이지 않다. 지극히 당연한 것이다. 당연하고 정상적인 것을 굴종적 사고라고 주장하는 사람이 지금 대한민국의 대통령이다.

한동훈은 힘으로 주위 국가들을 누르고자 하는 중국의 패권주의에 대항해서 주위 국가들의 집단 대응 체제를 지지한다. 중국의 경제 보복에 대해서 주위의 국가들이 집단으로 대응하자는 생각이다. 소위 '경제 나토' 전략이다.

진정한 리더는 이런 실질적인 대응을 만약의 경우에 대비해서 평소에 준비하는 사람이다.

장외집회 vs 민심 경청

지난 글들에서 여러 번 언급했었다. 국힘 지도부가 선택할 수 있는 카드가 보이지 않는다고. 선택할 수 있는 카드는 장외집회 정도 뿐이라고. 결국 예상을 벗어나지 못했다. 국힘은 장외집회를 선택했다.

한동훈은 민심 경청을 선택했다. 그래서 저 남쪽을 향하여 떠났다. 첫날 발견된 곳은 거제도였다. 길 위에서 사람들을 만나고 얘기를 듣는 것이 민심 경청의 본질이다. 그래서 민심 경청에 로드가 붙어 '민심 경청로드'가 되었다.

장외집회와 민심 경청이 가장 뚜렷하게 다른 점은 '하나는 말하는 것, 다른 하나는 듣는 것'이란 차이이다.

국힘 지도부가 장외집회를 선택한 것은 말을 듣는 것 보다 말하겠다는 것이다. 한동훈이 민심 경청을 선택한 것은 말을 하는 것보다 말을 듣겠다는 것이다.

잘한 게 많고 자랑할 게 많을 때 사람들은 말함을 선택한다. 국민의힘은 그동안 잘한 게 많은 모양이다. 국민에게 자랑할 게 많은 모양이다.

1호 당원이 계엄도 하고 탄핵도 당했다. 대선후보를 한밤중에 바꾸려다가 당원들에 의해 저지도 당했다. 지금 중도는 국힘을 외면한다. 별로 자랑할 건 없고 반성할 것 투성인데도 말함을 선택했다.

떳떳하지도 않고 자랑거리도 없는데 장외집회라는 말함을 선택한 것은 잘못된 짓이다. 그 모임의 군중을 자발적 참가자가 아닌 할당되고 동원된 인원으로 채운 것은 더 창피한 짓이다.

경청은 반성하는 사람의 태도이다. 한동훈은 목숨 걸고 계엄을 막았다. 그 사실을 자랑하고 싶었을 것이다. 그런데도 그는 듣는 쪽을 선택했다. 한동훈은 누구보다 군중 동원력이 강한 정치인이다. 그런데도 그가 선택한 것은 듣는 쪽이다.

매일 그는 다른 지역에서 발견된다. 다양한 사람들을 만난다. 1차 민심 경청 마지막 날 만남은 카페의 주인, 가구공장 사장님, 펜션 사장님과 함께였다. 불경기에 어려움을 겪는 전형적인 소상공인, 자영업자들이다.

계엄에 상처받고, 계엄에 대한 반성이 없어서 더 상처받은 국민의 마음을 한동훈은 헤아린다. 국민의 높은 분노 게이지를 이해한다. 그래서 듣는 쪽을 택한다.

한동훈이 듣는 쪽을 택한 것은 잘한 일이다. 한동훈은 들음으로 더 채워지고 있고 장동혁은 말함으로 더 비워지고 있다.

이재명 천동설

천동설이 있었다. 우주의 중심은 지구이고, 모든 천체는 지구의 둘레를 돈다고 믿었다. 근대 천문학이 발달하기 전인 16세기까지 사람들은 천동설을 믿었다. 지동설을 주장하면 사형이었다. 갈릴레이 갈릴레오 역시 사형을 당하기 일보 직전에 의견을 바꿈으로써 가까스로 사형을 면했다.

한동훈이 '이재명 천동설'을 들고 나왔다.

이저명 천동설은 모든 대한민국 사법 시스템의 중심은 이재명의 재판이그, 모든 사법 시스템은 이재명 재판의 무죄를 위해 존재한다는 설이다. '이재명 천동설'을 따르지 않으면 사형을 당한다. 개딸들에 의해 자행되는 정치적 사형이다.

'이재명 천동설'에 따르면 이재명이 무죄 나면 1심에서 끝내고, 유죄가 나면 재판소원 도입해서 4심까지 가야 한다. 이재명에게 유리한 경우에만 기존의 재판 제도를 이용하고, 불리한 경우에는 사법 시스템 자체를 바꿔야 한다는 것이 '이재명 천동설'의 핵심 사상이다.

'이재명 천동설'은 대통령이 되더라도 기존 재판이 중단되지 않는다는 헌법 제84조에 대한 불안감 때문에 나온 것이라는 게 한동훈의 친절한 설명이다.

배임죄 폐지처럼 특정 개인을 위해 법이나 제도를 바꾸려는 시도인

만큼 새로운 사자성어 '위인폐법(爲人廢法)'으로 불러도 의미가 통한다고 한동훈은 설명한다. 이 용어는 어떤 사람을 채용하기 위해 벼슬자리를 일부러 만든다는 위인설관(爲人設官)에서 유래한다.

한동훈은 새로운 용어를 만들어 내어 문제의 본질을 알기 쉽게 파헤치는 데 천재적이다. '이재명 천동설'과 '위인폐법'으로 좌파들의 '이재명 일병 구하기'의 모습이 적나라하게 드러난다. 국민에게 진상을 알리기 위한 최선의 방법이다.

정치인 한동훈의 숙성작업

지금 한동훈 행보의 정식 명칭은 '민심경청로드'이다. 그전에 개인적으로 '민생 대장정'으로도 불렀지만 이제 '민심경청로드'로 통일해 부르는 것이 좋겠다.

대한민국 정치사에 없던 행보라서 그 목적을 이해하지 못했다.

이혼종은 풀뿌리 조직을 만들기 위한 사전작업이라 했다. 배현진은 정치인 한동훈의 숙성(熟成) 작업이라 파악했고, 김종혁은 차가운 도시 남자 이미지를 바꾸는 작업이라 했다.

개인적으로 배현진의 숙성론에 동감하는 편이다. 그 이유는 경청이란 단어 때문이다.

경청(傾聽)에서 경(傾)은 기울인다는 뜻이다. 경청의 우리말 뜻도 '귀를 기울인다'다. 몸을 숙이지 않고 귀를 기울일 방법이 없다. 그러니 경청하기 위해선 몸을 숙여야 한다.

개인적으로 경청이 참 어렵게 느껴진다. 그리고 정치인에게 경청은 더 어렵다고 생각한다. 정치인에게 정치란 말을 듣는 예술이 아니라 말하는 예술이기 때문이다.

한동훈이 발견되는 사진을 본다. 경상대, 진주냉면, 카페 그리고 멸치 상점에서 귀를 기울이는 모습이 발견된다. 지금 한동훈에게 경청이란 '민초의 삶에 조용히 들어가 보는 것'이라 생각한다.

그렇게 민초의 삶에 스며들면서 정치인 한동훈이 숙성되고 있다.

한동훈 정치의 바닥 찾기

인터넷이 없던 시대의 이야기다. 옛날이야기다.

주식거래를 하기 위해서는 증권회사를 찾아야 했다. 증권회사마다 넓은 매장이 있고, 고객들이 장시간 앉아 있어도 불편하지 않을 안락의자가 극장식으로 배치가 되어있었다. 의자들은 다 전광판을 향했는데, 전광판에는 모든 주식의 등락이 파란불과 빨간불로 반짝였다.

중동발 오일쇼크로 주가가 곤두박질할 때, 사람들이 너도나도 주식을 던졌다. 80대 노인이 증권회사 매니저를 찾았다. 그리고 큰돈을 예탁하며 주식을 사겠단다. 매니저가 말렸다.

노인이 웃으며 말했다. 주식은 바닥에서 사서 꼭대기에서 파는 거란다.

매니저가 물었다. 꼭대기임을 어떻게 확인하냐고. 노인은 '개나 소나 다 살 때가 꼭짓점'이라고 답했다.

이번에는 바닥을 확인하는 법을 물었다. '모든 사람이 다 던질 때'라고 노인이 답했다. 노인은 고수였다.

한동훈 정치의 바닥을 묻는다. 정치 고수가 대답한다. 많은 사람들이 지지하는 정치인이 없다고 대답할 때가 바닥이라고.

갤럽조사에서 국민의 58%가 지지하는 정치인이 없다고 대답했다.

이전의 통계가 있지 않으니 역사상 제일 높다고는 얘기 못 하겠다. 이례적으로 높은 건 사실이다. 국민의 60%가량이 정치에 관심이 없거나 혐오 정서가 있다.

한동훈 정치의 바닥이 그리 멀지만은 않다고 느끼는 이유다.

한동훈 정치 플랫폼 '한컷'이 출발하는 날, 비가 그쳤다. 그리고 모처럼의 햇빛이 여름의 끝자락을 비춘다.

9월 26일 한컷에 처음으로 올린 글이다. 이 글을 한동훈이 읽었다. 그가 답글을 남겼다.

"두 번 읽었습니다."

진실의 순간

'진실의 순간(Moment of Truth)'은 원래 스페인 투우 용어인 '엘 모멘토 델 라 베르다드(El Momento de la Verdad)'에서 유래했다. 투우사가 소의 급소를 찔러 승패를 결정하는 마지막 순간을 뜻한다. 소의 처지에서는 죽음을 맞는 순간이다.

이 용어는 1930년대 헤밍웨이의 논픽션 '오후의 죽음'을 통해 영어권에 널리 퍼졌고, 이후 경영·마케팅 분야에서도 차용되었다.

이 개념을 경영학에 도입한 사람은 스웨덴의 경제학자이자 전 스칸디나비아 항공(SAS) 사장이었던 얀 칼슨(Jan Carlzon)이다. 그는 1980년대 초, 극심한 경영난을 겪던 SAS를 되살리면서 이 용어를 사용했다.

칼슨은 '진실의 순간'을 고객과 기업의 특정 접점에서 고객이 서비스의 품질을 판단하는 순간이라고 정의했다. 다시 말해, 고객이 기업의 직원을 만나거나, 제품을 사용하거나, 웹사이트를 방문하는 등 어떤 형태로든 기업과 상호작용을 할 때마다 발생하는 아주 짧은 순간이 바로 '진실의 순간'이라는 거다.

정치인도 유권자들과 진실의 순간을 가진다. 나는 한동훈이 법무부 장관일 때 그와 처음 진실의 순간을 가졌다. 그가 민주당 국회의원들을 잘근잘근 논리로 제압할 때 그때가 진실의 순간이었다. 그 순간 한동훈에 대한 나의 판단은 우리 역사상 가져보지 못했던 최고품질의 정치인이란 것이었다.

그가 구름 관중을 몰고 총선 유세장을 누비던 매 순간이 또한 진실의 순간이었다. 많은 국민이 그때 나처럼 한동훈과 진실의 순간을 가졌다.

한동훈이 당대표로 출마했을 때 국민은 압도적 지지로 한동훈의 귀환을 환영했다. 통일교도 신천지도 어찌할 수 없었던 압도적 지지였다. 처음 한동훈과 가졌던 진실의 시간부터 오늘 이 시간까지 한동훈은 한 번도 나를 실망시킨 적이 없다. 아주 자그마한 실망조차도.

지금 나의 관심은 한동훈이 국민과 진실의 시간을 얼마나 더 많이 가질 수 있느냐이다. 많은 사람들이 한동훈을 사실 모르고 있다. 현재 라방과 페이스북 등 몇 개의 접점이 있지만 부족하다. 이제 또 접점을 하나씩 늘려갈 시점이다.

내가 대장정이라고 부르는 한동훈의 전국 순례가 이미 시작이 되었다. 거제의 밤바다를 거쳐 어제는 경상대학에서 그리고 냉면집과 치킨집에서 한동훈이 발견되었다. 경상대학의 젊은이와 영세자영업자들과 진실의 시간을 가진 듯하다.

오늘은 어떤 시간을 가졌을까? 그가 국민과 어떠한 진실의 시간을 보내는지는 지금 내 초미의 관심사이다.

가장 자랑스러운 대한민국 시스템의 위기

대한민국 사람으로서 두 가지 자부심을 품고 있었다. 세계 최고의 의료시스템과 세계에서 제일 안전한 사회에 대한 자부심이다.

대한민국의 의료시스템은 전 세계 최고라고 자부한다. 세계 최고 수준의 의료서비스를 저렴한 의료수가에 원하는 시간에 언제라도 이용할 수 있었다. 우리 의료시스템을 외국 친구들에게 소개하면 그들은 꿈같은 얘기라고 했다. 이 꿈의 시스템을 윤석열이 말아 먹을 뻔했다. 시스템 복구가 가능할지는 미지수지만 윤석열이 사라진 후 적어도 희망은 생겼다. 전공의들도 하나둘 복귀하고 있다. 지난해 총선 때 의료 갈등을 해결하려고 당시 한동훈 비대위원장이 동분서주했다. 그때 한동훈과 함께 마음고생을 많이 했다. 그 생각하면 지금도 마음이 시리다.

대한민국은 전 세계에서 가장 안전한 나라이다. 둘째가라면 서럽다. 이 자랑스러운 안전 시스템을 지금 이재명 정권이 해체하려 한다. 검찰이 없어진다니 엄청난 혼란이 예상된다. 범죄자들이 신나는 세상이 될 전망이다. 수사는 한없이 길어지고 재판도 길어져 국민의 사법비용은 엄청나게 증가할 것이다. 범죄자를 잡지 못하는 미제사건이 많이 증가할 것이다. 이제 돈 없는 국민은 사법비용을 댈 수 없어 억울한 일을 당해도 참아야 할 것 같다.

박상수가 'Under 73' 방송에서 뜨거운 눈물을 흘렸다. 법조인 후배 고(故) 이영돈 검사를 이야기하는 중이었다. 이영돈 검사는 엘리베이터 안에서 과로로 쓰러졌다. 오늘날 대한민국의 안전 시스템은 이영돈 검사 같은 분들의 노력과 헌신으로 이루어졌다. 그 귀한 것을 이재명 정권이 무너뜨리고 있다.

박상수가 울 때 나도 울었다. 눈물이 뜨거웠다.

배현진 당선의 의미

배현진 의원이 서울시당위원장으로 당선되었다.

전국의 시당위원장들이 친윤들로 도배되었는데 유일한 혁신계 위원장으로 배현진이 당선되어 얼마나 기쁜지 모르겠다. 한동훈의 이후 정치 행보에 있어 선택이 하나 늘었다고 볼 수 있다.

배현진은 의리 있는 팀 플레이어이다.

작년 3월. 총선이 한창인 어느 날.

한동훈 비대위원장이 하루에 16개 지역을 유세할 때였다. 그날은 경기 남부 지역 유세였다. 출발 지역은 안양이었던 것으로 기억한다.

내 눈을 의심했다. 대여섯 개 지역을 배현진이 찬조 연설자로서 같이 해 주었다. 어떻게 정치인이 피 말리는 박빙의 선거판에서 자기 지역 팽개치고 다른 지역의 유세장을 밟을 수 있을까. 상상도 할 수 없던 일을 목도했다. 본인의 유세 시간을 희생하는 것은 물론이고 자신의 지역구 민주당 후보에게 충분히 공격자료가 될 수 있을 터였다.

원래 배현진은 홍준표의 사람. 지지난 대선에서는 홍준표를 도왔다. 2030을 사로잡은 '홍카콜라'가 배현진의 작품으로 알고 있다. 그런 배현진이 지난 대선에서는 한동훈 캠프로 와서 전략 총괄 위원장이란 중책을 맡았다. 배현진이 기획한 SNL Korea 한동훈 편이 짤을 포함

하면 1,000만 뷰를 넘는 대성공을 거두었다.

배현진은 의리 있고 실력 있는 정치인이다.

한동훈에게는 내년 지선에서 전략적 선택사양이 하나 늘었다. 내년 지방선거의 지형은 국힘에 매우 불리하다. 누구나 인정하는 바다. 그리고 장동혁 지도부는 변함없이 한동훈을 견제할 것이다. 한동훈과 혁신계가 수도권 특히 서울에 선택과 집중을 해서 유의미한 결과를 보여주는 전략을 선택할 수도 있는 것이다.

배현진의 당선을 진심으로 축하한다.

박상수의 물음에 대한 답변

박상수가 어젯밤 페이스북에 글을 남겼다. 계엄을 증언하는 것에 대해서이다.

그는 한때 직업 소설가를 꿈꾸었다. 그만큼 글을 잘 쓴다. 나는 그의 글 읽기를 매일 즐긴다.

어제의 글 마무리를 "도대체 왜일까?"라는 물음표로 마감했다. 한동훈이 책과 인터뷰를 통해 계엄의 밤의 기억을 생생히 남겨놓은 반면에, 김민석·김어준·이재명·우원식은 아무런 증언이 없다고 왜 없냐고 박상수는 묻는다.

한동훈은 계엄에 대한 증언을 자신의 책에 기록으로 남겼다. 내가 설렘으로 기다렸던 책이다. 한동훈의 책 『국민이 먼저입니다』가 나오던 날, 긴 행렬이 광화문 교보빌딩을 빙 둘러쌌다.

한동훈은 책을 쓴 이유에 대해, "더 잊기 전에 써 두어야 하겠기에."라는 짧은 변을 남겼다. 더 잊기 전에 남긴 기록이기에 내용은 가장 사실에 가까울 것이다. 지금 특검에 가서 어떤 증언을 해도 이보다 사실에 가깝지는 않을 것이다.

박상수가 물음표로 글을 끝낸 이유는 독자들에게도 한번 생각해 보라는 의미일 것이다. 물음의 여운은 그의 의도대로 오래 남았다. 내가 그의 물음에 답을 해보고 싶다.

"최근 몇 년간 볼 수 없었던 최고의 기록문학. 계엄을 기록한 최고의 역사 고증서."

대기자 조갑제의 간단한 서평이다. 그는 책을 손에 넣은 날 밤을 꼬박 새우며 다 읽었다고 한다.

조갑제는 대한민국의 대표 글쟁이다. 기록문학의 대가이다. 최근에도 집필을 쉬지 않는다. 그런 그가 '최고의 기록문학'이라고 극찬했다.

'계엄을 기록한 최고의 역사 고증서'라는 또 하나의 극찬이 따라붙었다. 다른 방송에서도 조갑제는 계엄의 밤을 시간순으로 기록한 '르포 기사'를 읽는 느낌을 받았다고 했다.

한동훈이 잊기 전에 기록해 두었기에 내란을 수사하는 특별검사들도 도움을 받는다. 아마도 책에 밑줄 그어가며 탐구했을 것이라 본다.

한동훈은 윤석열의 무모한 계엄을 목숨 걸고 막은 의인이기도 하다. 특검이 수사는 제대로 못 해도 사람으로서 의인에 대해 지켜야 할 예의는 지키는 게 좋겠다.

한동훈의 지지자들 칭찬해야겠다. 예의 없는 특검에 한동훈의 책을 보내고 있다. 전국에서 특검으로 배송되고 있는 책은 시인 유치환이 시에서 표현한 '소리 없는 아우성'이다. 소리 없는 아우성은 소리 있는 아우성보다 더 절절하다. 조직적으로 한 것이 전혀 아니다. 한두 명이 시작하더니 어느새 그것이 흐름이 되었다.

이제 박상수의 질문으로 돌아가자. 김민석·김어준·이재명·우원식이 상세한 증언을 하지 않는 이유는 간단하다. 떳떳하지 않기 때문이다. 한동훈이 계엄 밤의 역사를 기록으로 남긴 이유는 떳떳하기 때문이다. 한동훈이 방송 '그날 그곳'에서 계엄을 증언하는 것은 한 점 부끄러움도 감출 것도 없기 때문이다.

김민석이 계엄의 밤에 뭘 했는지는 아무도 모른다. 남이 알아서는 안 될 부끄러운 자리에 있었을지도 모른다. 김어준은 이미 발언한 음모론을 변명할 거리를 아직 못 찾은 것 같고. 우원식도 회의를 지연시킨 진짜 이유가 부끄러운지도 모른다. 이재명은 숲속에 숨어있던 이유가 이제 생각해 보니 창피한 모양이다.

세상, 한동훈처럼 당당하게 살자. 이게 오늘 글의 결론이다.

특검이 의인을 강제 구인하겠단다

피의자 윤석열 구인에 실패했던 특검이 한동훈을 증인으로 구인하겠다고 한다.

한동훈은 목숨 걸고 계엄을 막은 사람이다. 얼마나 많은 사람들의 목숨을 구했는지 모른다.

계엄을 반대하고 탄핵을 주도하여 2차 계엄을 막은 정치인이다. 그 대가로 당대표에서 쫓겨나서 현재 칩거하는 중이다. 그리고 배신자라는 공격도 받는다. 의로운 일을 한 대가로 많은 불이익을 감수하고 있는 것이다.

우리 사회에서는 자신의 위험을 무릅쓰고 올바른 일을 한 사람을 의인(義人)이라 일컫고 존경과 찬사를 보낸다. 그런 사회가 올바른 사회이다. 한동훈은 많은 의인이 한 일과 필적하는 일을 해내었다고 생각한다. 나의 이런 생각은 정상적인 사고를 할 수 있는 국민이라면 누구나 동의하리라 생각한다. 우리 동네 양아치조차도 공감하는 일이다.

적어도 의인과 영웅 대접을 받아야 할 분이 소환에 응하지 않겠다는 의견을 낸 것은 존중되어야 한다. 그것을 법의 절차로 강제 구인하는 것은 특검의 몰상식한 행동이라고 믿는다. 의인을 강제 구인하는 일은 재판부의 승인 여부를 떠나서 해서는 안 되는 일이다.

한동훈이 얘기한 대로 정의롭고 공평한 특별검사라면 이 정권의 실세 김민석과 김어준을 조사하길 바란다. 그렇지 못하면 비겁하고 능력 없어서 의인이나 괴롭히는 '찌질이 특검'이란 오명을 벗어나지 못할 것이다.

장동혁이 민주주의를 배신하다

일요일 아침이 주는 안도감이 있다. 백수가 된 지 오랜 세월인데도 아직 그 안도감은 여전하다.

일요일 아침이 주는 편안함을 미처 즐기기도 전에 불편한 기사가 하나 눈에 띈다. 아니 불편한 건 그의 이름이다. 장동혁이라는 아주 불편한 이름이다.

연합통신과 인터뷰를 했다. 자신을 최악이라고 표현한 한동훈과는 같이 할 수가 없다는 내용이다. 덧붙여 '당 게시판' 문제와 '패널 인증 제도'를 언급했다.

위드후니 게시판에 글 올린 지 18개월이 되어가고 올린 글이 400개가 넘지만, 장동혁을 비판하는 글을 올려보긴 처음이다. 하나가 있긴 했다. 며칠 전 글 '잡초에게 준 거름'이란 제목의 글이 유일하다.

권력과 출세에 대한 그의 탐욕을 일찍이 눈치챘다. 민주당 보궐선거 판을 기웃거리다 공천을 못 받자 국민의힘으로 돌아섰다. 국회 파견 판사 시절 안민석을 쫓아다니다 국회의원이 된 후 한동훈 뒤를 쫓아다녔다. 안민석과 한동훈 간에 이념적 공통성은 하나도 없다. 그가 추구하는 바는 공공선이 아니라는 걸 누구나 눈치챌 수 있다.

그가 한동훈을 배신하고 대표직에서 쫓아내는 데 앞장섰을 때에도 전혀 놀라지 않았다. 충분히 그럴만한 인간이고 그럴 상황이 되었기 때문이다.

'그럴 상황'이란 한동훈과 윤석열의 관계이다. 듣기 싫은 얘기였지만 한동훈은 윤 정권의 황태자로 불렸다. 윤석열이 당시의 권력이라면 한동훈은 미래의 권력이었다. 장동혁은 권력의 삼인자 자리를 꿈꾸었다. 한동훈의 러닝메이트로서 수석 최고위원이 되었을 때 그 꿈은 이루어질 듯이 보였다.

한동훈과 윤석열의 불편한 관계가 지속되면서 그는 불안해하기 시작했다. 계엄이 일어났고 계엄군의 체포 명단에 한동훈이 있었다. 이제 한동훈과 윤석열의 관계는 그가 생각하던 그런 관계가 아니었다. 그는 국힘 내부 힘의 역학관계를 잘 알고 있었다. 권력을 가진 친윤들이 한동훈을 내칠 것이 빤했다.

그의 탐욕이 지시하는 대로 배신을 결심한다. 상징적인 사진이 하나 있다. 그가 대표실 문을 열고 나오는 장면이다. 뒤에는 환하게 웃는 한동훈이 있다. 그리고 절반쯤 보이지만 우재준이 있었다.

그 장면 장동혁의 표정이 인상 깊다.

예수의 시절. 유대인 땅에서 유다가 예수를 팔아먹었다. 예수를 팔아먹을 때 유다의 표정이 궁금하다면 장동혁의 이 표정을 기억해 내면 된다.

한동훈은 최악이 장동혁이라고 얘기한 적이 없다. 예수도 최악이 유다라그 얘기한 적이 없다. 사실 장동혁과 김문수 중에서 어떤 자가 최악이그 어떤 자가 차악인지 정말 구분이 어렵다. 그리고 구분할 가치도 없다. 그냥 두 인간 다 나쁜 자들이다. 나는 그 구분을 일찌감치 포기했다.

어떤 자가 최악인지 사실 국민은 관심이 없다. 당원들도 관심이 없으니, 투표율이 사상 최저이었으리라.

장동혁의 배신도 사실 나의 관심거리가 아니다. 정치인들의 배신이란 일상지사이다. '일상지사'란 흔히 매일 일어난다는 뜻이다. 근데 오늘 연합통신에서 언급한 배신은 종류가 다른 배신이다. 그것은 국민과 대한민국의 민주주의를 배반하는 짓이다.

장동혁의 당원 게시판과 패널 인증제도에 관한 생각은 민주주의의 근간인 표현의 자유와 선택의 자유를 제한하는 반헌법적 생각이다.

국내에서도 해외에서도 방송 패널의 자격을 '인증'하는 공식적인 제도를 운용하는 사례는 찾아보기 어렵다. 이는 언론의 자유와 독립성이라는 근본적인 가치와 충돌할 수 있기 때문이다.

방송사 자체에서 보도 프로그램의 신뢰성을 높이기 위해 외부 전문가를 섭외하고 관리하는 내부 지침을 운영하고 있다. 미국 CNN의 '전문가 명단(Expert List)'이나
영국 BBC의 '전문가 섭외 가이드라인' 등을 들 수 있겠지만 이는 다 내부의 검증 프로세스이다.

세계적으로 정부나 언론사가 특정 패널의 자격을 인증하는 제도를 도입하지 않는 것은 언론의 독립성과 자유를 훼손할 수 있기 때문이다. 하물며 특정 이념을 추구하는 정당이 패널을 인증한다는 것은 너무 위험한 생각이다.

앵무새처럼 정당이 내려준 지침을 반복하는 시사 프로그램을 시청

자들이 좋아할까? 그런 재미없는 프로그램을 방송사는 좋아할까?

패널을 '인증'하는 것은 결국 특정 기준에 맞는 사람만 방송에 출연시키겠다는 의미로 해석될 수 있다. 이는 언론이 다양한 목소리를 담아내는 본연의 역할을 스스로 제한하는 결과를 초래할 수 있다. 정당이나 언론사가 선호하는 특정 관점이나 이력을 가진 패널들로만 채워질 경우, 사회의 다양한 의견과 소수자의 목소리가 배제될 위험이 크다.

정치적 성향이나 이해관계에 따라 패널이 선정될 수 있다는 공정성 논란이 제기될 수 있다. 언론의 신뢰도를 떨어뜨리는 역효과를 낼 수 있다. 방송이 이런 인증제를 찬성할 리가 없는 것이다.

당원 게시판 문제도 마찬가지다. 익명의 게시판을 운영하는 당내민주주의 제도라는 의도와 완전히 어긋난다.

장동혁이 언론과 인터뷰에서 하겠다고 한 것은 이렇듯 당내 민주주의를 제한하겠다는 것이다. 생각이 너무나 허술하고 위험하다.

방송법 개정을 시도하는 이재명 정권이 배워둘 만한 초식이다. 방송법을 개정하여 방송 패널의 국가 인증제도를 도입할 수 있겠다. 이재명의 민주당이 이 제도를 입법화하면 어떤 명분으로 반대할 수 있겠나. 이재명의 민주당은 장동혁에게서 배웠다고 하면 그뿐이다.

장동혁이 국민을 위해 어떤 정책으로 뭘 할지를 나는 모른다. 민생에 관심이 없다는 것은 알겠고. 유일한 관심은 당내 민주주의를 탄압하는 걸로 이해하면 되겠다.

이제 장동혁에 대한 비판을 시작한다. 당내 민주주의를 지키기 위한 책임 당원의 숭고한 의무이다. 위헌 정당 해산을 막기 위한 충정에서 이 비판을 시작한다.

내일 올릴 글도 장동혁을 비판하는 글로 선택했다. 제목은 '밀랍으로 만든 날개'이다.

나는 진심으로 빡쳤다.

추경호를 배려한 한동훈

『국민이 먼저입니다』 책이 출간되자 제일 궁금해서 찾아본 부분이 추경호에 대한 것이다. 나는 그가 밉고 싫었다. 계엄 해제 표결을 고의로 방해한다고 믿을 만한 상황이 충분히 있었다. 한동훈은 어떻게 평가할지가 궁금했다. 그래서 책을 손에 쥐자마자 그 부분을 제일 먼저 찾아 읽었다.

한동훈은 실망스럽게도 추경호를 보호해 주었다. 실망스러웠지만 그래도 한동훈이란 사람의 그릇 크기를 확인할 수 있었다.

추경호에 대해 특검의 수사가 본격적으로 시작되었다. '내란 중요임무 종사'와 '직권남용'이란 혐의다. 일반적인 내란 방조가 아닌 '내란 중요임무 종사'라는 혐의가 특별하다. 특검이 이 수사를 보는 관점을 설명하고 있다.

특검은 추경호가 계엄에서 중요한 역할을 했다고 보고 있고, 그걸 수사로 입증하려 한다. 추경호의 혐의를 입증하는 것이 특검으로서는 매우 중요하다. 추경호의 혐의가 입증되면 비로소 계엄은 여당까지 관여된 입체적인 범죄가 되는 것이다. 추경호 입장에선 유죄가 되면 '내란 중요임무 종사'는 예상되는 법정 형량이 너무 크다. 특검과 피의자 추경호 간의 싸움이 그래서 치열할 것이다.

이 싸움의 결과에 나는 사실 관심이 없다. 내 관심은 한동훈은 관대한 사람이라는 사실을 많은 사람들이 알아주었으면 하는 것이다.

함경우의 궁금증과 걱정

함경우가 궁금한 것은 나도 궁금하다. 근데 걱정은 전혀 되지 않는다. 세상만사 뿌린 대로 거둘 것이다.

현재 지도부로 내년 지방선거를 치를 수 있을지조차 의문이다. 지금부터 내년 지선을 향한 여론조사가 나오기 시작할 것이다. 차마 쳐다보기 힘든 그런 결과가 발표될 것이다. 그 끔찍한 여론조사 결과를 보면서 지도부 교체 여론이 빗발칠 것이다. 빗발치는 여론에도 불구하고 장동혁 지도부는 장담컨대 절대 물러나지 않는다. 물러날 경우 정치 말로가 눈에 뻔히 보이는 사람들이기 때문이다. 새 지도부를 맡아서 선거 결과에 책임지겠다는 바보도 나올 가능성이 없다. 이래저래 이 지도부로 패배를 향해 나아가게 될 것이다.

함경우가 궁금한 것. 현재의 지방자치단체장들이 내년 지선에서 공천을 받을 경우, 당지도부에게 지원 유세를 요청할 것인가 하는 것. 함경우의 걱정은 2018년 지방선거 유세 당시로 돌아간다. 당시 자유한국당 대표 홍준표는 지원 유세를 많은 지역에서 거절당했다. 당시 부산시장 서병수의 홍준표 패싱 사건은 유명하다. 홍준표의 강성 이미지가 중도층 득표에 전혀 도움이 되지 않았기 때문이다.

이번에는 강성 이미지 정도를 넘어서 '윤어게인'을 외치는 극우지도부이다. 어느 후보도 선거를 포기하지 않는 한 현재의 극우지도부를 유세 현장에 부르는 일은 없으리라 예상한다.

대한민국의 3대 선거는 예외 없이 중도 표를 가운데 놓고 벌이는 싸움이다.

많은 후보가 한동훈을 애타게 찾을 것 같다.

국민의힘은 아무리 생각해도 한동훈 말고 내세울 얼굴이 없다. 국힘에 남아 있는 한 유세 요청이 들어올 것이고, 한동훈은 고민하게 될 것이다. 행복한 고민이 절대 아니다.

무능한 지도부는 한동훈에게 구조신호를 보낼 것이다. 지선 패배의 책임을 같이 져주기를 애타게 바랄 것이다.

함경우의 다른 궁금증은 명확하다. 선거 홍보물에 장동혁의 얼굴을 집어넣는 바보는 없을 것이다. 감옥에서 속옷 시위하는 윤석열도 아닐 것이다. 정상적인 사람이라면 한동훈과 찍은 사진을 집어넣을 것이다.

겨울을 보내는 것에 익숙한 사람

"나는 한동훈을 대통령으로 만들거나 정치를 그만두거나 두 가지 선택지만 가지고 정치에서 남은 시간을 보내고 있다. 그래서 좌고우면할 이유가 없다고 답했다. 나는 겨울을 보내는 것에 익숙한 사람이다. 그다음 올봄에 대한 확신이 있을 때 흔들림 없이 겨울을 견딘다."

박상수가 '하루'라는 제목으로 어제 페이스북에 올린 글의 일부이다. 그의 충심이 느껴진다. 정치판에 남아 있게 된다면 그 목적은 오로지 한동훈을 대통령 만드는 것이라는, 누가 시키지 않은, 자기 서약이다.

박상수도 마음을 다잡기 위해 쓴 글일 것이다. 그의 마음을 다잡는 글이 나에게도 도움이 된다.

춥고 배고픈 겨울은 내가 박상수보다 더 익숙할지 모른다. 그렇다면 박상수가 참아낼 수 있는 겨울을 내가 못 참아낼 리 없다고 마음을 다잡는다. 그래. 겨울을 참아낼 수 있는 것은 오고 있는 봄에 대한 확신이 있기 때문이야. 한동훈의 날이 올 것이다. 이는 겨울이 지나고 봄이 오는 것만큼이나 확실한 것이다.

아무것도 이룰 수 없는 당대표직인 걸 알았다. 그래서 포기한 것이고. 그 계륵을 김문수에게 던져주었는데 엉뚱한 자가 받아먹었기로 뭐. 김문수는 다리찢기나 훌라후프에 더 열중할 수 있어서 좋고. 변한 것은 아무것도 없다. 국힘은 여전히 무능하다.

장동혁은 김문수보다 예측할 수 있는 인물이다. 이미 다음 주에 뭘 할지 빤히 눈에 보인다. 정청래만큼이나 자제와 절제를 못 하는 인간이다. 향후 정치판이 쉽게 읽힌다. 장동혁은 원외, 야외 아스팔트 위로 나갈 것이다.

　우린 그냥 가려던 길로 가면 된다. 9월부터 한동훈이 하려고 계획했던 것을 하면 된다. 사실 아무것도 변한 것은 없다. 오히려 더 분명해진 느낌이 든다. 한동훈이 무언가 결단하면 같이 가면 된다.

　근데 박상수가 애기한 겨울이 너무 덥다. 겨울나그네에게 박상수의 겨울은 너무 덥다.

싸움의 기술

광복절 특별사면은 모두가 이화영 사면을 위한 빌드업이자 전초전이었다는 걸 한동훈이 간파했다. 그래서 대통령과 공범인 범죄에 대해서는 사면할 수 없도록 하는 법 개정을 추진해야 한다고 제안했다. 이재명의 급소를 찔러온 것이다. 불과 며칠 전의 일이었다.

우재준이 빨랐다. 청년 최고위원 선거 준비로 바쁜 나날임에도 일명 '대통령 공범 사면 방지법'을 발의했다. 발의된 법안의 이름이 참 신박하다. 이재명 정권하에선 이런 신박한 이름의 법안이 많이 나올 듯하다.

한동훈이 만족한 듯하다. 페이스북에 "이렇게 싸워야 한다"라고 썼다. "민주당도 반대할 명분이 없을 것이다."라고 덧붙였다.

문득 '싸움의 기술'이란 영화가 생각난다. '전설의 싸움 고수' 역을 백윤식 배우가 열연했다. 맨날 처맞고 다니던 학생이 전설의 고수를 만나 싸움의 기술을 배운다.

백윤식 배우의 매력이 흠뻑 발휘된 영화다. 그의 차갑고 시니컬한 웃음이 관객을 매혹한다.

정치의 현실에서는 한동훈이 우재준에게 싸움의 기술을 가르쳐 준 셈이다.

우재준은 '선생님'이란 호칭을 이럴 때 써야 한다. 전 학원 강사에게

이 고귀한 단어를 사용해서는 아니 된다. 전한길에게 이 단어를 씀으로써 이제 이 '선생님'이란 호칭의 가치는 대한민국에서 하한가를 쳤다.

싸움의 기술도 가지가지다.

사면권 오용이란 동일한 사안에 대해 한동훈과 우재준은 법안을 발의하그, 김문수는 당사를 점령했다. 그리고 1층 로비에서 다리를 찢었다. 당사를 점령한 진짜 이유는 캠프 사무실이 없어서이다. 농담이 아니다. 진실이다.

TV 토론에서 장동혁이 전한길에게 공천을 준 진짜 이유는 머리가 없어서이다. 투표 하지 않겠다던 한동훈 지지자들이 갑자기 투표하겠다고 돌아섰다.

한동훈의 말: 국가정책은 선한 의도가 아닌 선한 결과가 중요하다

"국가정책은 선한 의도(good intentions)가 아닌 선한 결과(good results)가 중요하다."

한동훈 법무부 장관 시절 대한상의 제주 포럼에서 했던 말이다. 이 문장은 주로 행정학, 정책학, 그리고 정치철학에서 중요하게 다뤄지는 개념이다. 누가 제일 먼저 주장했는지는 모르겠지만 근본적인 사상은 '공리주의(Utilitarianism)'에서 찾아볼 수 있다. 공리주의는 '최대 다수의 최대 행복'을 추구하는 사상으로, 어떤 행위나 정책의 도덕적 가치는 그 행위가 가져오는 결과, 즉 '효용(utility)'에 의해 판단해야 한다고 주장한다.

이 금언의 중요함을 문재인 정권에서 뼈저리게 느꼈고, 이제 이재명 정권에서 다시 한번 뼈에 사무치게 느끼게 될 것 같다.

소득주도성장은 선한 의도, 선한 결과도 아닌 무모한 대국민 실험이었고, 주택수요를 억제하는 정책, 탈원전 정책, 최저임금을 급격히 인상한 정책이 대표적으로 선한 결과를 무시한 정책들이었다.

한동훈은 이승만의 농지개혁을 선한 결과를 낳은 대표적으로 성공한 정책으로 꼽았다.

조선의 노비제도는 이승만의 '농지개혁'으로 진정한 의미의 소멸을 했다. 대한민국 산업화의 초기자본은 '농지개혁'으로 만들어졌다.

6·25전쟁의 승리를 지킨 것은 내 땅에 대한 농민들의 집착이었고 이 또한 '농지개혁'의 공헌이다.

6·25 때 북한군이 서울 점령 후 3일을 허송했던 이유가 정말 불가사의하다. 3일을 허송하지 않고 계속 진격했더라면 유엔군이 파견되기도 전에 이미 한반도는 북한군에 먹혔을 터였다. 3일을 지체한 이유에 대해 여러 가지 설이 있지만 저 개인적으로는 김일성의 전략적 오판설을 지지한다.

박헌영의 말을 철석같이 믿었던 것이다. 침략만 하면 남로당 세력들이 전국적으로 일어나서 북한군에게 호응할 것이라 믿었던 것이다. 서울에서 3일간 퍼레이드 하면서 기다렸지만, 농민 봉기는 일어나지 않았다.

조선왕조 500년간 소작농 혹은 노비로 살았던 농경민족이 내 땅을 갖게 되었는데 북한군에게 호응할 이유가 없었다. '만약 농지개혁이 없었더라면'이란 역사의 가정법은 그래서 나를 아찔하게 만든다.

한동훈이 만드는 '결과가 선한 정책들'이 난무하는 그런 시대에 살고 싶다.

마침, 한동훈이 오늘 페이스북을 통해 '농지개혁이 진영론으로 폄훼해서는 안 된다.'라고 밝혔다.

"이승만의 농지개혁은 만석꾼의 나라를 기업인의 나라로 바꾸는 출발점이었다. 농지개혁이 없었다면 이 나라는 수천 년간 그랬듯이 여전히 만석꾼 지주들이 지배하는 나라였을 것."이라고 강조했다.

이어 "농지개혁은 조봉암 농림 장관 같은 좌파 진영 사람도 참여한 것으로 과정 면에서 봐도 진영론으로 폄훼해서는 안 된다."라며 "현대사에서 진영 불문하고 동의하고 세계인들도 찬탄하는 결정적 장면이 농지개혁."이라고 평가했다.

그러면서 "우리의 빛나는 오늘 상당 부분이 이승만의 농지개혁에 빚지고 있다."라며 "그 빛나는 가치가 정권이 민주당 정권으로 바뀌었다고 해서 달라지지 않는다."라고 지적했다.

이승만의 농지개혁이 전 세계인들의 찬사를 받고 있다. 특히 필리핀의 지식인들이 부러워한다.

코라손 아키노를 기억할 것이다. 마르코스의 독재를 종식시킨 인물이다. 대통령도 지냈다. 내가 필리핀 방문했을 때 지인이 아키노의 사탕수수 농장을 둘러보려면 경비행기로 몇 시간이 걸린다고 했다. 아키노 같은 대지주들이 필리핀에는 흔한 모양이다. 만석꾼들이 지배하는 나라가 필리핀이다. 필리핀의 지식인들이 대한민국 이승만의 농지개혁을 부러워한다.

대한민국의 농지개혁은 브라질도 많이 부러워한다. 한동훈이 2004년 룰라의 중앙일보 인터뷰기사 내용을 소개한다. 대한민국의 농지개혁이 부럽다는 룰라의 고백이다.

한동훈이 이승만의 농지개혁을 높게 평가한다. 한동훈 덕분에 나도 이승만의 농지개혁 찬미자가 되었다.

네 여인 이야기

　김경율 회계사가 김건희를 마리 앙투아네트에 빗댄 것은 적절치 않았다. 마리 앙투아네트는 사치와 향락을 즐겼지만 비정치적이었다. 정치에 개입했었다는 어떤 증거도 기록도 없다.

　멀리 프랑스까지 200년 이상을 거스를 필요 없이 가까운 데서 쉽게 비교 대상을 찾을 수 있다. 고종의 아내 민비다. 민비는 대한제국의 정치와 외교에 적극 개입했다. 대원군 이하응과 시아버지와 며느리가 아닌 정적으로 싸웠다. 부패한 왕비였다. 그런 면에서 김건희와 대적할 만했다.

　대한제국 말기 개화파의 혁명아 김옥균이 결국 상해에서 고종이 보낸 암살범에 의해 죽음을 맞았다. 분이 풀리지 않았던지 시체를 가져와서 몹쓸 짓을 했다. 고종의 잔인한 성정을 부인하지 않지만, 그의 부인 민비가 결국 관여했으리라 믿는다.

　주술·무속인을 가까이했다는 점에서도 두 사람은 닮았다. 천공, 건진법사 등을 김건희가 가까이했다면 민비에게는 진령군(眞靈君)이 있었다. '진짜 영험한 사람'이란 뜻의 이 이름도 민비가 직접 하사한 것이다. 민족 근대사의 중차대한 결정에 진령군이 개입했을 가능성이 높다.

　지난해 12월 영국 더 타임스는 "한국인들은 계엄령의 배후로 대통령의 '레이디 맥베스'를 지목하고 있다."라는 제목의 기사를 실었다. '레이디 맥베스'는 셰익스피어 4대 비극 중 하나인 '맥베스 주인공의 아내이다. 작품 속 레이디 맥베스는 야심에 끌려 남편을 부추겨서 왕을 죽이도록 했고, 그 회유에 넘어간 맥베스는 왕좌에 오르지만 결국 타락해 내외가 함께 파멸하고 만다. 더 타임스가 김건희를 레이디 맥베스에 비유한 것이다. 김건희가 천공을 받들듯이 레이디 맥베스도 왕이 될 거라 예언했던 예언가를 믿고 신뢰했다.

레이디 맥베스는 소설 속의 인물이지만 현세에서 살아나서 김건희의 모습으로 우리 앞에 선다. 그만큼 김건희란 캐릭터는 초현실적이다. 김건희에 대한 많은 의혹을 나는 믿지 않았다. 그래서 김건희에 대해 쓴 글이 하나도 없다. 나는 참 세상을 모른다. 나는 참 인간을 모른다.

김경율의 마리 앙투아네트 발언 이후 김건희는 다섯 차례 문자를 한동훈에게 보낸다. 소위 '읽씹'이다. 한동훈은 공식적으로 김건희의 사과를 이미 요구한 상태였다. 그런데도 김건희가 다섯 차례나 사적인 문자를 보낸 의도를 한동훈은 잘 파악했다. 그리고 잘 대처했다. 지나 보니 유일한 답이 '읽씹', 즉 무응답이었다.

김대식 초선의원의 국모인 김건희가 어제, 아니 오늘 새벽 한밤중에 구속이 되었다. 6,000만 원짜리 반클리프 목걸이와 그 많은 보석이 어딘가에서 얼마나 그녀를 기다려야 할까? 윤석열은 이런 김건희의 일탈을 알면서도 눈감았던 것일까?

한동훈의 말: 낙타를 쓰러뜨리는 마지막 봇짐

한동훈이 '노봉법'을 '낙타를 쓰러뜨리는 마지막 봇짐'이라 갈파했다.

'낙타를 쓰러뜨리는 마지막 봇짐'이라는 표현은 영어 속담인 "The last straw that broke the camel's back"에서 유래했다. '낙타 등을 부러뜨린 마지막 지푸라기'라는 뜻이다.

튼튼한 낙타도 짐을 계속 얹으면 결국 버틸 수 있는 한계, 즉 임계점에 도달하게 되는데, 이때 아주 가벼운 지푸라기 하나만 더 얹어도 결국 등이 부러져 주저앉게 된다.

한동훈의 낙타는 그동안 대한민국을 든든히 버티어왔던 경제, 그리고 그 경제의 주체인 기업을 은유한다. 우리 경제는 이미 민주당의 증세 드라이브와 반기업·친노동 정책으로 임계점에 도달했다고 한동훈은 보고 있다.

우리의 낙타가 이미 허리 부러지기 일보 직전인데, '노봉법'은 낙타의 허리를 부러뜨릴 마지막 봇짐이라고 한동훈은 간파한다.

과장을 좋아하지 않는 한동훈이 '마지막 지푸라기'보다 덜 호들갑스러운 '마지막 봇짐'이란 표현을 썼지만 결국 우리 경제를 결판낼 수 있는 마지막 타격(last blow)이 될 수 있다는 생각이다.

그리고 그 피해는 대한민국의 청년과 소액투자자들이 가장 크게 볼 것이라 했다. 증권거래세 인상, 주식양도세 대상 확대 등 '반 증시 세금인상 정책'으로 보는 투자 손실과 일자리가 없어짐으로 인한 경제적 손실이 이 땅의 젊은이들을 좌절시킬 것이다.

한동훈은 이전에도 이 표현을 쓴 적이 있다.

"낙타를 쓰러뜨린 마지막 봇짐을 얹은 사람이 되고 싶다."

총선 때 한동훈이 비대위원장으로서 했던 말이다. 여기서 낙타는 경제가 아닌 '국회의원 특권'을 뜻한다.

'국회의원 특권 내려놓기'를 실천한 사람이 되고 싶다는 뜻이다. 특권 폐지 공약을 여러 개 제시했었다. 불체포특권 폐지, 면책특권 폐지, 금고형 이상 판결 확정 시 세비 반납, 국회의원 세비 삭감, 출판기념회를 통한 정치자금 모금 근절을 약속했다.

잠시 이룰 수 없는 정치개혁의 꿈이지만 언젠가 한동훈이 마지막 봇짐을 얹을 수 있기를 기도한다.

'노봉법'에 대한 한동훈의 우려가 얼마나 큰지 그의 워딩을 통해 실감한다.

특히 조선과 자동차가 걱정이다. 조선의 경우 1차 협력업체만 수천 개이다. 직접 고용관계가 없는 하청 업체의 노조와도 협의하느라 언제 본업에 충실할 시간이 있을까. 노조 불법파업에 대한 배상소송이 실질적으로 불가능해졌으니 어떤 일이 벌어질지 모르겠다. 기업의 정상적

경영활동도 노조와 협의해야 한단다. 노동생산성이 떨어지는 국내를 피해 외국에 투자하는 것도 노조와 협의해야 한다.

사정이 이렇다 보니 '암참(주한 미국상공회의소)'과 '주한 유럽상공회의소'에서 이의를 심각하게 제기한다. 보통의 이의제기가 아니다. 한국 시장에서 철수를 고려하는 심각한 문제 제기다.

한동훈은 과장을 좋아하지 않는다. 그가 낙타를 쓰러뜨릴 정도의 '마지막 봇짐'으로 '노봉법'을 언급했다면 그만큼 심각하다는 얘기다.

젊은이들 일자리가 사라지는 소리가 들린다. 무책임한 입법은 이것 하나뿐이 아닐 것이다.

한동훈의 말: '슈거 코팅'된 '노란봉투법'

한동훈이 '노란봉투법'을 '슈거 코팅'되어 국민을 호도할 수 있는 명칭이라고 일갈한다. 법안의 문제점을 흐릴 수 있기 때문에 '노봉법'으로 부르겠다고 한다.

'슈거 코팅(sugar coating)'은 원래 제약 분야에서 주로 약의 쓴맛을 감추기 위해 알약의 겉면에 설탕을 입히는 작업이다.

여기서 한동훈이 말하는 '슈거 코팅'은 진실을 감추고 듣기 좋게 포장하는 행위를 은유한다. 말 그대로 '사탕발림'이란 얘기다.

노란봉투법이라는 이름은 2014년 쌍용자동차 파업 사태에서 유래한다. 법원이 파업에 참여했던 노조원들에게 손해배상금을 지급하라는 판결을 내렸고 한 시민이 노란색 봉투에 소액의 성금을 담아 전달했다. '노란봉투 캠페인'으로 발전했고 후에 법안에 이 이름을 붙였다.

사실은 불법파업에 대해 손해배상청구를 무력화시키는 악법이고 이번에 강화된 법안은 신규 투자 등 정상적인 경영활동도 노조와 무조건 합의하게 만드는 악법 중의 악법이다.

이런 악법에 '노란봉투법'이라는 감성적인 이름을 붙여 국민 감성을 호도해서는 안 된다고 한동훈은 경고하는 것이다.

역시 한동훈이다. 잘못된 네이밍으로 인해 국민에게 전달될 잘못된 이미지까지도 염려하는 섬세함이다.

한동훈의 말

한동훈을 안다고 주위에 얘기한다.

한동훈의 말을 안다고 얘기하는 게 정확하다. 매일 한동훈의 말을 듣고, 이해하고 기록하는 일이 일상이 되다 보니 이제 한동훈이란 정치가를 안다고 감히 얘기한다.

사실 유권자는 정치인 개인이 어떤 사람인지 정확히 알지 못한다. 그들이 제시하는 정책, 연설, 글 등을 통해 그 정치인을 이해할 뿐이다.

그래서 정치는 말을 남기는 예술이라고 한다. 정치인은 떠났지만, 그들이 남긴 말만 남아서 인구에 회자한다. 한동훈은 세상에서 멋진 말을 가장 많이 남기는 정치가가 될 것이라고 확신한다. 한동훈의 말을 기록하며 생긴 확신이다.

어제 한동훈이 던진 몇 가지 말. '노봉법', '슈거코팅', '낙타를 쓰러뜨리는 마지막 봇짐'을 듣는 순간 더 철저하게 그의 말을 기록해야겠다고 생각했다.

한지아의 '그날 그곳'

방송 프로그램 이름이 『그날 그곳에 있었습니다』이다.

'그 날'은 운명이다.
'그 날'은 대한민국의 모든 정치인에게도 국민에게도 같은 날이다. 대한민국 국적을 지닌 그 누구도 예외가 불가능했던 12.3일 계엄의 밤이다. 그래서 '그 날'은 운명이다. 누구도 피해갈 수 없었던 운명이었다.

'그 곳'은 다르다.

'그 곳'은 운명이 아닌 선택이었다. 사람들은 자유의지로 주어진 운명에 대한 선택을 했다. 그 운명이 하늘의 계시건, 인간 윤석열 망상의 구현이든, 사람들은 나름으로 선택을 했다.

어떤 사람에게 '그 곳'은 국회였다. 국회의 숲속이기도 했고, 본회의장 이기도 했다. 어떤 사람에게 '그 곳'은 당사의 TV 스크린 앞이기도 했다. '그 곳'이 어떤 곳이건 그것은 하나의 선택이었다. 사람들은 누구나 자기 선택에 대하여 책임을 진다.

국회에 있으면서 표결에 불참했던 8명 중 일부는 정치적 책임에 더해 사법적인 책임을 져야할 것 같다. 사법적인 책임은 요행히 면하더라도 정치적인 책임은 면하기 어려울 것이다. 당사에서 계엄중계를 즐긴 40여명의 국회의원들도 마찬가지이다.
정확한 통계가 없다. 하지만 22대 총선에서 살아남은 국힘 21대 국회의원 수는 절반이 채 되지 않았을 것이라 추측한다.

28년 총선은 훨씬 끔찍할 것이다. 지금 국민의힘 국회의원들의 70% 이상이 다음 공천에서 탈락하리라 본다. 이유는 계엄의 날 자신의 선택과 이어진 탄핵정국에서의 태도 때문일것이다.

공천을 받은 국힘의원의 70%가 또 선거에서 질 것이라 본다. 패배의 원인은 똑 같다. 계엄의 밤의 선택과 탄핵정국에서의 태도 때문이다.

국회의원의 본분과 자유민주주의를 저버린 행위에 대하여 공천경쟁자로 부터도 공격받고 본선에서 민주당후보로 부터도 공격받을 것이다. 그리고 유권자들의 심판을 받을 것이다.

장담하지 않는 성격인데 오늘 한번만 해 보려 한다. 다음 총선에서 현재 지역구 국회의원 중 90% 이상이 사라질 것이다. 공천과 본선에서 물갈이는 필연적일 것이다. 물갈이의 기준은 간단하다. '구태청산'이다. 계엄의 밤 그들 국힘 국회의원들의 선택이 최악의 구태로 뽑혀질 것이다.

계엄의 밤에 했던 선택은 영원히 그의 이력서를 떠날 수 없는 주홍글씨가 될 것이다.

한동훈 만큼 정직해보이는 정치인이 한지아이다. 박진영의 발성법 '소리 반, 공기 반'이 일상 대화에서도 가능한 그녀이다. 그래서 그의 목소리는 정직한 울림이 있다.

1차 탄핵의결에서 당론을 따라 표결에 불참한 걸 한지아는 후회하고 있다.

위기감이 없는 정당의 운명

일본인들이 특히 좋아하는 생선이 있다. 이름은 잊어버렸다. 러시아 근해에서 잡아서 일본인들의 식탁에 살려서 올리는 생선이다.

일본에 도착할 때까지의 생존율이 바로 수입업자의 수익과 직결된다. 이런저런 방법을 쓰다가 최종적으로 채택한 방법은 물고기의 천적을 이용하는 방법이다. 수조의 중간에 유리 칸막이를 하고 한쪽에는 물고기를 다른 한쪽에는 물고기의 천적을 넣어두었다. 성공이었다. 물고기의 생존율이 급증했다. 물고기의 위기감과 긴장도가 유지되었기 때문이다.

이 얘기는 기업의 혁신이나 생존 전략을 강조할 때 즐겨 인용된다. 기업이 잘 되기 위한 건강한 생태계는 적절한 경쟁과 긴장이 유지되는 곳이다.

정치도 마찬가지다. 정당 간의 건전한 경쟁이 필요하다. 지금처럼 정당 간의 힘의 균형이 깨어지면 정치발전과 국가 발전에 좋지 않다. 지금 정국에서는 민주당이 잘할 이유가 없다. 잘하지 못해도 이기니 민주당은 노력을 게을리하게 된다.

지역구 의석수를 비교해 보자. 진보의 텃밭 호남의 지역구 수가 28석이다. 보수의 기반인 영남권은 65석이다. 차이가 무려 37석이다. 사정이 이렇다 보니 보수는 항상 쉽게 이겨왔다. 강원도 포함해서 40석 이상을 이기고 시작을 하니, 수도권과 충청에서 대충만 해도 항상 다

수당을 차지했다. 이것이 독이 든 성배였다.

국딘의힘은 영남이라는 안락한 지지 기반에 안주했다. 일반적으로 혁신은 현 상태에 대한 깊은 불만이나 절박한 위기감에서 시작된다. 기업이든 정당이든, 바뀌지 않으면 살아남을 수 없다는 절박함이 있어야 비로소 변화를 위한 고통을 감내할 동력이 생긴다.

국민의힘 지역구 89명 의원 중에서 64명이 영남과 강원도 출신이다. 영남과 강원 동부는 국힘의 'Comfort Zone'이다. 구약성경에 나오는 '가나안 땅'과 같다. 젖과 꿀이 흐르는 땅이다.

험지인 수도권을 떠나 '가나안 땅'으로의 이주는 보수 정치인들의 꿈이 되었다. 홍준표가 첫 번째 이주자였고 권영진 등이 그 뒤를 이었다. '가나안 땅'은 이들을 실망시키지 않았다. 대구시장직은 이주자들의 젖줄이 되었다.

민심과 당심이 엇박자를 낸다. 국민 다수가 원하지 않는, 골통 보수만 원하는 후보가 당대표가 된다. 어쩌다 국민이 원하는 당대표가 나와도 영남권 주류의원들이 금방 쫓아내고 비대위를 구성한다.

위기감과 절박함이라곤 하나도 없는, 변화할 이유가 하나도 없는 이들에게 위기감은 엉뚱한 곳에서 찾아왔다. 윤석열의 계엄이다. 세상 안전한 이들 의원직에 위기가 찾아왔다. '선거용 땔감'을 찾는 박찬대에게 이들 45명 의원이 눈에 띈다. 한남동 관저 앞에서 윤석열의 체포를 막기 위해 인간 띠를 만들었던 그들이었다. 의원들을 제명해서 국회의원직에서 쫓아내는 것이 박찬대의 의도이다.

이들은 지금 위기감을 느껴야 당연하다. 밤새워 끝장토론을 하며 변화와 혁신을 모색하여야 한다. 하지만 그런 것 같지 않다. 이번 전당대회에서도 이들의 태도는 마찬가지일 것으로 생각이 된다.

한동훈이 고뇌 끝에 불출마로 돌아선 이유가 많지만, 위기감과 절박감이 하나도 없는 국힘의 주류들과는 어떤 것도 이룰 수 없다는 인식이 제일 큰 이유라 생각한다.

지금 국힘이 기대야 할 유일한 생명선은 국민의 용서와 지지인데, 반성과 사과는커녕 더 극우화의 길로 가고 있다. 그래서 국민이 등을 돌리니 백약이 무효하다.

한동훈의 불출마 결정은 백번 잘한 일이다.

경솔하고 감정적이라는 동훈 씨

'계엄의 숨은 뜻'이 있을 것으로 오해하기에는 대통령의 담화문에 나타난 계엄 사유가 너무 분명했다. 그래서 권영세의 숨은 뜻 운운은 기회주의자의 변명으로밖에 들리지 않는다.

아니면 권영세의 지적 능력을 의심할 수밖에 없다.

지적 능력은 사람마다 차이가 크다. 그중에서도 판단력과 통찰력의 개별 차이는 천양지차다. 12.3 계엄의 밤 대통령 담화문을 듣기만 해도 위법·불법임을 당장 판단할 수 있는 사람이 있고, 판단할 수 없는 사람도 있다. 지적 능력의 차이는 존재한다.

일부는 '계엄의 숨은 뜻'을 모르니 당사에 모여 있었고, 일부는 국회에 있으면서도 '계엄의 숨은 뜻'을 몰라서 표결에 참여하지 않았다고 믿어주자.

나중에라도 '계엄의 숨은 뜻' 같은 것이 없다는 것을 알았다면 반성하고 지나가면 될 일이었다.

반성은커녕 자신보다 판단력이나 용기에서 앞선 사람이 경솔하다거나 감정적이라고 비판하는 일은 정말 웃기는 일이다.

12.4 새벽 1시. 국회의장은 표결하려 했고, 추경호는 30분 시간을 더 달라고 했다. 표결을 30분 늦추었다면 어떤 일이 벌어졌을지 가늠

하기 힘들다. 실패한 계엄이 성공한 계엄으로 될 수도 있었다. 위험한 장난이었다.

계엄이 해제되었음에도 윤석열은 국방부 장관을 해임하지 않았다. 2차 계엄의 위험이 엄연히 존재했다. 한동훈은 4일 오후 윤석열을 만나 김용현의 해임을 강하게 요구했다. 권영세가 나쁜 머리로 계엄의 숨은 뜻을 탐구하는 동안 한동훈은 2차 계엄의 위험을 제거했다.

권영세보다 판단력이 앞선 수만의 국민은 12.3 계엄의 밤에 국회의 사당을 둘러싸고 계엄을 항의하고 있었다. 권영세의 말을 빌리면 '계엄의 숨은 뜻'을 이해하지 못하는 경솔하고 감정적인 군중들이다. 그런 면에서 권영세의 말은 국민 모독이다.

중국대사와 통일부 장관을 지낸 5선 국회의원 권영세의 말로가 보인다. 그의 정치생명은 끝이 났고 한밤중에 후보 자격을 도둑질한, 권영세 아닌 '쌍권'으로 역사에 기억될 것이다.

한덕수에 쓴 선거비용에 대한 배임 혐의를 김종혁이 언급하자, 권영세가 고소하겠다 한다. 그는 고소하지 못한다. 배임죄보다 무고죄가 더 엄중한 걸 아니까.

세신(洗身), 쇄신(刷新), 쇄신(碎身), 혁신(革新)

쇄신(碎身)은 분골(粉骨)과 함께 쓰면 의미가 더 분명해진다. 분골쇄신(粉骨碎身)은 뼈를 가루로 만들고 몸을 부순다는 뜻으로, 지극정성으로 노력함을 뜻하는 말이다.

윤석열이 다른 검사들과 폭탄주 말 적에 한동훈은 밤새워 사건보고서를 읽었다. 일주일에 두 번 겨우 집에 들어갔다고 하니, 분골쇄신해서 일을 했다고 얘기할 수 있다. 한동훈은 독립운동하듯이 수사를 한다는 말이 나돌기도 했다.

한등훈은 왜 이토록 일에 열심이었을까? 남다른 사명감 때문이었을까 아니면 일에 대한 일종의 탐닉이었을까? 그의 인생철학과 함께 탐구되어야 할 부분이다.

김진이 보수 대토론회에서 얘기했듯이 윤석열에게 한동훈 같은 수하는 과분한 축복이었다. 대한민국 국민에게도 한동훈 같은 일꾼은 보석 같은 축복이다.

쇄신(刷新)은 '그릇된 것이나 묵은 것을 버리고 새롭게 한다는 뜻'이다. 혁신(革新)과 혼용해서 많이 쓰이지만, 쇄신보다는 혁신이 더 강렬한 의미가 있다. 국민의힘처럼 고쳐 쓰기가 힘들 정도로 망가진 경우에는 그래서 쇄신보다 혁신이 더 적합한 표현이다.

지금 국민의힘이 하는 짓은 혁신이라고 부르기도 민망하고 쇄신이라고 이름하기에도 부끄럽다. 혁신하겠다는 정당의 지도부가 극우들 미팅에 참석해서 전한길 강연이나 듣고 있으니 혁신하겠다는 진심이 전혀 느껴지지 않는다.

사우나에 가면 '세신(洗身)'이란 표현이 눈에 띈다. '때 밀다'라는 뜻이다. 중국어의 세수(洗手)에서 따온 표현이 아닐까 생각한다.

국민의힘이 하는 짓은 '세신'이라 부르는 게 어울린다. 그래서 국민의힘의 '혁신위원회'는 '세신위원회'라고 부르는 게 적절하다. 인적 청산이 없는 쇄신은 가죽을 벗기는 일이 아니라, 때 미는 정도의 일에 불과할 것이기 때문이다.

국민의힘은 세신(洗身)이 아닌 쇄신(刷新)을 위해 분골쇄신(粉骨碎身)하기를 바란다.

감이 떨어졌다

감나무 밑에서 입 벌리고 있으면 잘 익은 감이 입속으로 떨어질 확률이 얼마나 될까? 입속으로 감 떨어짐이 세 번 연속 일어날 확률이 있기나 할까?

지난 총선에서 최병천이 한동훈의 '가랑비 전략'과 이재명의 '감나무 전략'을 대비시킨 것은 탁월했다. 전략이라는 단어로 포장을 잘했지만, 사실 아무것도 하지 않는 이재명 야당을 욕하는 말이다. 그런 면에서 최병천은 '고수 욕쟁이'다.

한동훈의 가랑비 전략이 성공하는 것처럼 보였다. 정책과 비전으로 승부했다. 그 비전은 4월에 만개할 하얀 목련으로 상징되었다. 낙동강 벨트, 한강 벨트, 반도체 벨트를 공략했다. 전통시장을 훑으며 민심을 스킨십 했다. 국힘 지지율이 상승했다. 아득한 꿈처럼 행복했던 2월이었다.

이재명의 민주당은 정말 아무것도 하지 않았다. 오죽하면 최병천이 감나무 전략이라고 이름했을까. 감나무 밑에서 입 벌리는 것 말고 정말 아무것도 하지 않았다. 피비린내 나는 공천 학살을 자행하는 것 말고 정말 아무 짓도 하지 않았다. 윤석열이 선거 전면에 나서며 어이없는 역전이 벌어졌다. 이종섭, 황상무, 의정 갈등에 이어 대파 한 단으로 총선 판이 속절없이 무너졌다. 잘 익은 첫 번째 홍시 하나가 입 벌리고 있던 이재명의 입속으로 떨어졌다.

총선에서 대승을 거둔 이재명의 민주당은 역시 아무것도 하지 않았다. 아무것도 할 필요가 없었다. 윤석열과 김건희가 항상 더 잘 못하기 때문이었다. 이재명의 민주당은 노란봉투법, 양곡관리법 등 대표적 악법과 30번의 탄핵 외에 정말 아무것도 하지 않았다.

2024년 12월 3일, 윤석열이 정말 초현실적인 계엄을 일으켰고, 잘 익은 감 하나가 또 이재명의 입속으로 떨어졌다.

이제 이재명의 입에 감 떨어뜨리기가 끝난 줄 알았는데 그게 아니다. 윤석열이 구치소로 사라졌으니 이제 끝난 줄 알았더니 그게 아니다. 이제 친윤들이 남아서 윤석열 대신 감나무 흔들기를 하고 있고 이재명은 여전히 입만 벌리고 있다.

사과도 반성도 없다. 인적 청산이 없는 혁신 쇼를 하고 있다. 정당 지지율은 반올림해야 19%이고 이재명 지지율은 60%를 넘는다. 전 지역, 전 연령대, 전 직업군에서 민주당에 지지율이 뒤지고 있다. 이런 걸 퍼펙트 하다고 얘기한다. 군더더기 하나 없이 완벽한 보수 말아먹기이다. 역사상 이런 적이 있었나 싶다.

오늘 권영세가 아침에 방송에서 한 얘기가 충격적이다. 한밤중의 후보 도둑질을 정당했다고 한다. 안 했으면 오히려 배임이었다고 한다. 건강부회에 아침부터 벌어진 내 입이 다물어지지 않는다. '사람에게 질렸다.'라는 표현을 어느 때 쓰는지 이제 정확히 알겠다.

세 번째 감이 이미 이재명 입속에 떨어졌다고 봐도 무방하다.

한동훈 포비아

윤석열 부부의 한동훈 포비아 이해가 간다.

감히 윤 부부에게 쓴소리하는 사람은 한동훈밖에 없었다. 한동훈을 막기 위해 온갖 공작을 펼쳤는데도 좀비처럼 되살아났다. 김옥균 프로젝트니 뭐니 한동훈이 당대표 되는 거 막으려 갖은 애를 썼는데 또 패배다. 신임 한동훈 당대표는 계속해서 잘못을 지적해 대니 윤석열이 미치겠다. 말 잘 듣던 바지 사장 김기현이 그립다. 한동훈 포비아 생길만하다.

친윤들의 한동훈 포비아 이해가 간다.

한동훈은 웰빙 봉숭아학당의 근간을 바꿀 수 있는 개혁 성향의 인물이다. 그래서 한동훈이 당권을 잡으면 그 향기롭던 '친윤들의 치즈'가 다 사라질 위험이 있다. 봉숭아학당의 누구도 갖지 못한 팬덤을 소유하고 있고, 따르는 의원들도 20명에 육박한다. 어제 한동훈 유세에 잠실이 뒤집어졌다. 이러다가 당권을 뺏기겠다. 이준석을 데려오든지 차라리 안철수를 내세우자. 한동훈 포비아 생길만하다.

민주당의 한동훈 포비아 이해가 간다.

사실 제일 긴 역사가 있다. 한동훈이 법무부 장관 시절 한동훈을 굴복시키기 위해, 숱한 저격수들을 동원했다가 처참하게 깨졌다. 지난해 총선에서도 한동훈 때문에 질 뻔했다. 한동훈이 대선 후보로 나왔을 때 민주당은 우려했다가 한동훈이 최종 탈락하던 날 환호했다. 한동훈 포비아 생길만하다.

이재명의 한동훈 포비아 이해가 간다. 채널A 경선 토론에서 한동훈이 홍준표를 손볼 때 이재명은 두려움에 떨었다. 이재명 눈에는 그것이 '묻지마 폭행'으로 보였다.

한동훈이 화력의 10%만 썼다고 얘기하는 걸 듣고 이재명은 도망가고 싶었다. 이재명에게는 200% 화력을 동원하겠다는 얘길 듣고는 마침내 기절하고 말았다. 한동훈이 최종 경선에서 탈락한 사실은 이재명에겐 축제였다. 한동훈 포비아 생길만하다.

한동훈 포비아의 중국어 번역은 공한증(恐韓症)이다. 중국 축구가 한국 축구에 대해 갖고 있는 공한증과 정확하게 같은 글자로 이루어진 단어다.

베네수엘라의 참혹한 현실

얼마 전 베네수엘라 총선의 투표율이 12%였다.

절망한 국민이 마지막으로 표현할 수 있는 저항의 표시가 투표율이다. 세계의 시선을 베네수엘라의 참혹한 현실로 모을 수 있었다.

석유매장량 세계 1위인 베네수엘라가 챠베츠와 마두로라는 두 포퓰리스트에 의해 처참히 무너졌다. 인구의 15%가 세계를 떠돌고 있다.

2004년 챠베츠 때, 대법관을 20명에서 32명으로 대폭 늘렸다. 그

늘어난 대법관들이 밥값을 했다. 작년에 있었던 부정한 대통령 선거에 무죄판결을 내렸다. 대한민국의 민주당이 베네수엘라를 벤치마킹하고 있다. 갑자기 대법관 수를 늘리겠다고 난리를 치다가 한동훈의 한마디 '김어준 대법관'에 꼬리를 말았다.

이번 대한민국 대선의 투표율을 주목한다. 낮은 투표율은 여당과 야당을 떠나 정치판에 대한 심판의 성격이 짙다.

나쁜 짓하고 벌받기

더러운 범죄는 주로 밤에 일어난다. 범죄자의 추악한 얼굴이 감춰지기 때문이다.

도둑질, 강도질, 비상계엄과 후보 교체도 그래서 한밤중에 일어났다.

원래 새벽이란 일출이 가까운 밤의 끝자락, 먼동이 터올 즈음을 가리킨다. 깜깜 한밤중인 03시를 새벽 3시라고 부르는 것은 꺼림칙하다.

자고 일어나니 밤새 계엄이 터져 있고 밤새 대선후보도 바뀌어 있다. 내가 잠든 사이에 또 어떤 추악한 일이 벌어질까 봐 매일 밤 눈감기 두렵다.

결국 한덕수가 새벽이 아닌 03시 한밤중에 돈 만 원 내고 후보 자격을 도둑질해 갔다. 남들은 3억씩 내고 한참을 생고생하는걸. 국민의힘에 대한 만 원어치의 애정이 고마워 눈물 난다.

그 도둑질에는 지도부라는 공범들이 있었다. 이자들이 머리 맞대고 한밤의 도둑질을 기획하고 실행했다.

온종일 국민의힘 혁신계가 도둑들을 맹폭했다.
한동훈이 포문을 연다. 그는 언제나 반응이 빠르다. 중요 사항에 제일 먼저 입장을 내는 정치인은 언제나 한동훈이다. 그의 머릿속에는 잘 정리된 현안들로 가득한 서랍들이 있다. 언제라도 필요할 때 꺼내

볼 수 있다. 그는 다른 눈치를 보지 않는다. 표 계산을 하지 않는다. 비서가 아니고 본인이 글을 직접 적으니 빠를 수밖에 없다.

"쿠데타 세력이 계속 자리보전하면 그 쿠데타는 실패가 아니라 성공한 것이 된다. 국민의힘이 다시 일어서려면 친윤 쿠데타 세력에게 제대로 책임을 물어야 한다."

국방부 장관과 대통령을 파면한 지금, 12.3 계엄은 비로소 실패한 것이 된다. 배신자 누명을 백번 더 쓰더라도 성공한 쿠데타로 만들어줄 수는 없다. 그것이 정의란 거다.

한동훈을 이어 춘천시 당협위원장 김혜란이 공격을 가한다.
"불법 쿠데타는 실패하면 죽는 겁니다. 성공했으면 죄 없는 사람이 죽었을 거거든요."

김혜란이 맞다. 그것이 공평한 것이다. 쿠데타가 성공했으면 죄 없는(?) 김문수가 죽었을 것이거든.

실패하면 죽어야 하는 불법 쿠데타를 '계몽령'과 '호수에 비친 달그림자'르 비유한 미치광이가 문득 떠오른다. '2시간짜리 해프닝'이라 한 홍준표도.

비대위원장 권영세와 사무총장 이양수가 사직했다. 사직이 아닌 파면이 되어야 하고 지은 죄에 대한 벌을 따로 받아야 한다. 후보 자격을 한밤중에 도둑질한 죄를 물어야 한다. 60여 명의 국회의원이 이 도둑질에 연판장의 형식으로 가담했다. 그 명단이 밝혀져야 하고 역시 벌을 받아야 한다.

계엄을 TV로 불구경하듯 해도 아무런 벌이 없으니, 도둑질에도 이제 용감하게 가담하는 거다. 그래서 잘못하면 즉시 벌을 내리는 게 맞다.

이날의 하이라이트는 도둑질한 자가 피해자들에게 '다 잊고 뭉치자'고 제안하는 거다. 원내대표 권성동은 사과도 사직도 없이 다 잊자고 제안한다. 흥부가 기가 막혀. 놀부도 기가 막혀. 국민이 기가 막혀.

듣는 내가 어안이 벙벙한데 다시 한동훈이 나선다. '잘못을 저지른 사람이 하면 안 되는 말'이라며 질타한다. 이 말이 맞다. 세상에 이런 법은 없다. 피해자가 가해자에게 '용서하겠다. 잊자.'라고 할 수는 있지만.

도대체 몇 번째 의원총회인지 모르겠다. 가해자, 범죄자, 피해 호소인들이 뒤섞여 단합 쇼를 한다. 엎드려 절 받는 국민은 기가 차서 말이 안 나온다.

위드후니 토론방에 어느 회원분이 아래와 같은 글을 남겨서 여기 복사해 붙인다. '태평양 건너'라고 하는 걸 봐서 재외 교민인듯하다. '오늘 사과나무 심는 마음'까지 읽었을 때 갑자기 울컥했다.

"태평양 건너 불구경이나 하렵니다. 한 대표 아닌 대선은 이재명 대관식이니까 아무런 관심 1도 없습니다. 오늘 사과나무 심는 마음으로 책임 당원 가입합니다."

이분 글을 가져오며 미처 양해를 구하지 못했다. 어젯밤에 한 도둑질이다. 벌주시길.

라방에 대하여

어지 토론방에 라방 얘기가 많더라. 매회 50만 뷰가 넘는다는데. 이건 엄청난 숫자라 한다.

위드후니 회원이 9만 5천. 카페 일일 방문자 평균이 3~4만 정도인 걸 생각하면 대단한 숫자이다. 참고로 이번 최종 경선에서 한동훈이 얻은 표가 15만 정도이다. 득표수의 4배 이상 되는 잠재적 지지자들이 한동훈을 보기 위해 방문한다니 이보다 좋을 수가 없다.

도대체 어떤 사람들이 어떻게 알아서 방문하는지, 어떤 재미를 선사 받는지 알고 싶다. 분석이 되면 라방의 전략적 활용에 도움이 될 것이다.

개그맨 정성호와의 SNL 쇼츠가 라방의 뜨거운 반응에 어느 정도 역할을 했는지, 라방 시청자 중에서 청년 비중은 어느 정도인지도 매우 궁금하다.

토론방이나 게시판에서 라방 시청한 소감을 본다. 경선 패배 후 분노와 상실감에 빠진 많은 지지자에게 위로를 주는 듯하다. 어제의 'Study with me'는 특별히 많은 웃음을 선사한 모양이다.

냥이 모습에서, 한동훈의 기타 연주에서, 심지어 소파에 커피 쏟는 모습에서도 위로를 받는다.

라방 빈도수에 대한 우려를 읽었다. 콘텐츠에 대한 우려도.

50만 리뷰이면 우리 인구의 중간값(온라인 활용도 면에서)에 있는 분에게 4개월에 한 번 정도 노출이 될 것이다. 우리는 매일 본다고 느끼지만, 보통의 국민에겐 노출 빈도가 전혀 높지 않다. 전문가들이 목표로 하는 최소 노출치라는 게 있으리라 생각한다. 거기에 도달하기에는 한참 모자랄 것이다.

한동훈의 주위에는 이전 방송 종사자들이 많다. 그중에는 인터넷방송에 전문화된 방송인도 있을 터이니 너무 걱정하지 말자. 전문가들이 알아서 할 문제라 생각한다.

BTS가 세계의 젊음을 열광시키고 해가 지지 않는 팬덤 '아미'를 만든 것도 솔직한 소통과 개방이었다. 팬들은 BTS 멤버들과 하루 생활을 같이한다는 느낌을 받는다. 그들 노래에 담긴 희망적 메시지 외에도 그런 소통 때문에도 많은 위안을 받는다. 실제 우울증을 앓던 많은 청소년이 BTS와 그들의 노래로 치유된 사례를 볼 수 있다.

정치인이 국민과 소통할 수 있는 그 짧은 순간을 얼마 전 글에서 진실의 순간(moments of truth)이라고 표현한 바 있다. 정치인에게 매번 50만 명과 진실의 순간을 가질 수 있다는 것은 꿈만 같은 일이다.

콘텐츠 걱정하지 않으셔도 된다. 저 같은 평범한 사람도 일 년 동안 위드후니 카페에 거의 매일 글을 올렸다. 한동훈은 평범하지 않고, 다방면에 재능이 있다. 음악도 그렇고 '책과 지식'의 샘도 마르지 않는다. 무엇보다도 상상 이상의 엽기적 소식이 무궁무진 나오는 국민의힘이 끊임없이 콘텐츠를 제공하리라 생각한다.

세상에 과도한 소통이란 없다(There is no such thing as over

communication). 우리 주위에 산재한 소통에 관한 문제점은 모두 소통이 없거나 적어서 생기는 문제점들이다.

한동훈의 라방 즐길 수 있을 때 원 없이 즐기자!

한동훈의 순발력과 정확성

"어김없이 빠르고 정확하다."
한동훈의 페이스북 글에 대한 사람들의 촌평이다.

이재명 선거법 사건 대법원판결에 대한 페이스북 글도 서문시장 해
피워크 도중 나왔다. 언제 짬을 내어서 그런 멋진 글을 쓸 수 있었는
지 경이롭다. '선고는 선고이고 우리는 선거에서 이겨야 한다.'라는 멋
진 언급을 잊지 않았다.

민주당의 최상목 부총리에 대한 탄핵 시도. 그에 대한 비판의 글도
놓치지 않았다. 하루 종일 대구 일정 소화하고, 언제 그런 글을 쓸 시
간이 있었는지. 글 자체가 참 명문이다. '사법부에 대한 보복을, 입법
부 권력을 사용하여, 행정부에 가했다.'라는 통렬한 비판의 글이다.

윤석만이 얘기했었다. 한동훈은 말과 글의 싱크로율이 높아서 말하
듯이 쉽게 글을 쓴다고. 확실히 그 얘기가 맞는 듯하다. 짧은 시간에
책『국민이 먼저입니다』를 집필할 수 있었던 이유다.

빠른 것은 그렇다 치고 그 정확성은 어떻게 설명이 될지 모르겠다. 평
소에 머릿속의 서랍에 생각이 그렇게 잘 정리가 되어있다고 볼 수밖에.
매번 빠르고 정확한 그의 글을 보는 일이 놀랍다.

그가 대통령이 되면 '미적미적', '어영부영', '대충대충', '은근슬쩍' 등
의 부사어가 공무원사회에서 사라질 듯하다.

경선모독

경선은 축제의 장이어야 한다.

국가를 살릴 건강한 아이디어가 제시되고 정치적 올바름이 무엇인지 진지하게 논의된다. 치열한 경쟁이 있고, 아름다운 승복이 있고, 깨끗한 퇴장도 있다. 패자에 대한 위로, 그리고 포용, 큰 목적을 위한 화합이 모일 수 있는 곳. 그래서 경선은 축제의 장이다.

내일로 끝나는 축제의 장에 씁쓸한 회한이 많이 남는다. 경선을 제대로 관리해야 할 직책에 있는 사람들이 제대로 하지 않았다. 경선 후보에게 가야 할 언론의 초점이 당 밖의 한덕수에게 갔다. 경선의 컨벤션 효과는 그렇게 지워졌다.

단일화 이슈를 띄운 자들은 그래서 해당 행위를 한 것이다. 비대위원장이란 자는 민주당 출신 인사에게 단일화 알선을 부탁하며 축제의 장에 고춧가루를 뿌렸다.

경선 후보가 아닌 자들이 진보정당과 빅텐트를 얘기하며 당명 변경 요구까지 받았다. 당원들의 자존심을 짓밟은 것이다.

친윤들이 저지른 '경선 모독'이다.

용병, 그 달콤한 추억

윤석열을 용병으로 데려온 결과는 나라를 계엄으로 절단낸 것이다. 그래도 친윤의 손익계산서는 짭짤하기만 하니 후회와 반성이 없다.

건진법사, 명태균 등 중간 브로커 등을 통한 공천 장사의 흔적이 한국은행 관봉권과 6천만 원짜리 목걸이에 남아있다. 캄보디아 ODA 사업까지 손댔다면, 단언컨대 손을 안 댄 이권은 없다.

민주당 정권의 검찰총장 데려다가 친윤들 재미 짭짤하게 봤다. 대박 난 장사다. 이 대박 모델을 이번 대선에 또 적용할 것이다. 영원한 친윤들의 수익모델로.

이번엔 민주당 정권의 고위공무원이다. 정권 가리지 않고 이 자리 저 자리 다해 먹은 늘공이다. 단일화 쇼 잘해서 후보 만들자. 이겨도 좋고. 아니어도 좋다. 친윤들이 쳐다보는 건 6월의 대권이 아닌 8월의 당권이다. 야당을 하면 어떠냐. 공천 장사는 불황을 모르는 장사다.

친윤들이 비웃는 바보들에는.
최소 1억 내고 경선에 후보로 참여한 바보들. 모바일 투표, 여론조사에 열심히 응하는 당원 바보들이 다 포함된다.

바보들 위에 군림하는 친윤들.
그리고 그자들이 꿈꾸는
용병, 그 달콤한 추억.

한동훈 정치의 의미

한국 축구는 지금까지 10회 연속 월드컵 본선 진출이란 금자탑을 쌓았다. 아시아에서 유일하다. 손흥민 등 십수 명의 선수가 유럽 리그에서 뛰고 있다.

이전 축구 변방국이었던 대한민국을 이렇게 만들어 놓은 일등 공신이 히딩크이다. 그는 2002월드컵에서 한국 축구를 4강에 올렸다. 한국민의 눈높이는 축구에 관한 한 하루아침에 히딩크에 의해 세계 4강이 되어버렸다.

눈높이라는 것.
경영에서 Quality Standard라고 하는 것.
한번 높여 놓으면 좀처럼 내려오기 힘든 것.
그래서 기회가 있으면 한번 올릴 필요가 있는 것.

히딩크가 한국민의 기대치, 눈높이를 세계 4강에 맞추어 놓았으니 그걸 유지하기 위해 끊임없이 노력하게 된다. 이제 이전의 축구 변방국으로 돌아가는 일은 불가능하다. 손흥민 수준의 선수가 매년 늘어나는 일만 가능하다.

한국 양궁의 성적을 보면 경이롭다. 작년 파리올림픽에선 5개 종목을 다 석권해 버렸다. 금메달이 자그마치 5개이다. 여자단체전은 1988년 올림픽에서 정식종목으로 채택된 이후 10번 다 대한민국이 우승을 했다. 전 세계 어느 나라도 이 종목에선 우승해 보지 못했단 얘기다.

양궁 국가대표가 된다는 것은 바로 세계 최고가 되는 것이다.

어느 한 분야에서 눈높이를 세계 수준으로 높이는 일은 이렇듯이 중요하다.

요즘 배드민턴의 안세영 선수를 주목한다. 올해에 벌써 5개 대회 석권에 한 번의 패배도 없이 20연승을 달리고 있다. 이게 가능한 일인지 모르겠다. 이 선수가 대한민국의 배드민턴 눈높이를 비약적으로 높여주길 기대한다.

봉준호의 기생충이 대한민국의 영화를 세계 수준으로 올려놓았다. 오징어게임이 대한민국의 콘텐츠 산업을 세계의 일류로 끌어 올렸다. 기업에서는 삼성, 현대차 등 세계적인 눈높이를 지닌 기업들이 많다. BTS와 블랙핑크 보유국인 대한민국이다.

대충 기억나는 대로 적었는데도 대한민국에는 자랑거리가 참 많다. 앞으로 더 많아질 것이다. 지금 MZ세대는 선진국에서 태어난 세대이다. 세계화 감각이 뛰어난 세대이다. 우리가 자랑할 만한 것들을 엄청나게 많이 만들어낼 것이라 확신한다.

막상 정치를 보면 한숨이 나온다. 정주영은 자신이 정치판에 뛰어드는 대신 그 돈으로 마쓰시다정경숙 같은 좋은 정치학교를 만들었으면 어땠을까 싶다. 지금의 정치판이 조금은 나아지지 않았을까?

만년 4류인 한국 정치의 Quality Standard를 비약적으로 끌어올릴 정치인이 이제 나올 때도 되었다. 내가 한동훈을 유심히 보는 이유이고 그에게 거는 기대가 바로 한국 정치 수준 높이기이다.

신스-임당에서 2번의 토론. 가상화폐와 AI에 관한 토론을 통해서, 한동훈의 금융과 신기술, 그리고 정부 규제에 관한 생각을 엿볼 수 있었다. 기존의 정치인들과는 많이 달랐다. 그는 전문가 수준의 지식 보유자이다.

그의 성품도 지식에 못지않다. 한동훈은 정직하다. 거짓말을 하지 못한다. 그의 정적들조차도 그걸 인정하는 것 같다. 한동훈이 개헌을 완수하고 3년 만에 물러가겠다고 했을 때 누구도 의심의 눈길을 보내지 않았다. 한동훈의 정직성 기준은 다른 정치인들의 기준에 비해 확연히 높은 게 사실이다.

한동훈은 용기가 있다. 계엄의 밤, 그가 보여준 용기와 헌신은 기존의 정치인과 또 차원이 다르다.

주위의 인재들도 참신하다. 박상수, 김종혁, 정성국, 송영훈 같은 인재들은 지적 수준도 높으면서 헌신적이다. 한동훈과 함께 대한민국 정치의 Quality Standard를 비약적으로 높여 주시길 기대한다.

대한민국의 정치사는 한동훈 이전과 이후로 나누고, 한동훈 이후는 획기적으로 높아진 눈높이를 가진 정치인들이 활약해 주길 바란다. 지금부터 3년, 바쁘게 그 일을 위해 움직여주기를 바란다. 그게 우리 국격에 맞는 일이다.

한국교회 순복음교회

대한민국의 산업화와 민주화의 기적 못지않은 또 하나의 기적이 한국교회의 발전이라고 생각한다. 한국교회가 대한민국의 보수세력과 함께 대한민국의 발전을 견인해 온 것을 누구도 부인할 수 없다.

오늘날 한국교회는 전 세계에서 가장 많은 선교사를 세계 곳곳에 파견하고 있다. 미국의 선교단체에서도 한국인 선교사들을 높이 평가한다고 얘기 들었다. 미국인들이 가기 싫어하는 험지를 한국 선교사들은 기꺼이 지원한다고 한다. 선교의 성과도 한국인 선교사들이 높다고 한다.

한동훈이 얘기하는 '우리의 카드'에 조선 기술과 반도체 이외에 세계의 기독교 복음화를 위한 한국의 노력이 포함되었으면 한다. 트럼프의 아들이 한국의 교회에 관심이 큰 걸로 알고 있다. 작년 8월 방한해서 여의도 순복음교회를 방문했었다.

배고픔을 못 이겨 탈북한 북한 주민들이 중국의 동북 3성을 헤매고 다닐 때 많은 실질적인 도움을 한국 선교사들과 한국교회로부터 받았다고 증언한다.

가난했던 한국이 이전 미국으로부터 받았던 지원의 상당 부분을 지금 한국교회가 전 세계를 향해 갚아 나가고 있다. 기독교적 사랑의 실천을 세계화하는 데 있어 두 국가의 협력은 필수적이다. 현재 한국교회가 펼치고 있는 선교사업의 규모나 질을 보면 정말 놀랍다.

순복음교회는 이런 한국교회를 이끄는 단일 규모 세계 1위의 교회이다. 천막에서 5명의 성도로 시작한 교회가 지금 성도 수 100만 명을 넘었다. 이것도 한국교회의 기적 중 하나라고 자랑할 만하다.

오늘 이 순복음교회를 한동훈이 방문했다. 한동훈이 가진 정치인 이미지 중에서 가장 강렬한 것이 자기 헌신적, 희생적 이미지이다. 헌신적 사랑을 추구하는 기독교 정신과 한동훈의 이러한 이미지는 잘 어울린다.

자유민주주의란 이념을 떠나서 기독교적 사랑의 실천은 가능하지 않다. 한동훈은 자유민주주의를 실천하는 보수주의자이다. 그는 계엄을 목숨 걸고 막았다.

마케팅 실패사례 'THE MDMK'

마케팅 분석기법 중에서 제일 기초적인 'SWOT 분석'이란 것이 있다.

SWOT는 Strength, Weakness, Opportunity, Threat의 머리글자이다. 제품이나 용역의 강점, 약점, 시장에서의 기회와 위협 요인들을 조사해, 전략을 세우는 데 도움을 주는 분석 방법이다.

이 분석을 정치에 응용해 보자.

예를 들어 이재명이란 대선후보의 약점(Weakness)으로 '위험한 사람이란 부정적 이미지'가 확인되었다고 치자. 이의 전략적 운용은 무엇보다도, 이 약점에 관한 논란을 회피하는 것이다. 극복을 위한 메시지보다 일단 회피하는 것이 최고의 전략이다. 후보토론회에서 그런 약점을 상대 후보가 공격했을 때는 빨리 그 주제에서 빠져나가는 게 최고란 얘기다.

한동훈이 MDMK(Most Dangerous Man in Korea)로 이재명을 공격했는데 김동아가 회피는커녕 이를 덥석 물어버렸다. 문법이 틀렸다고 거꾸로 공격까지 했으니 제대로 걸려들었다. 당장 모든 언론사가 대서특필했고 결국 이재명의 약점(Weakness)을 전국에 광고하는 꼴이 되고 말았다. 주말 가족 밥상의 화젯거리로 충분하다. 아이들에게 '정관사 The'에 대한 영어교육도 되고.

마케팅 실패 사례로선 따끈따끈한 최고의 사례임이 틀림없다. 비즈니스 스쿨에서 Case Study 교재로 써도 손색이 없겠다.

김동아, 월요일에 출근은 제대로 할 수 있으려나 걱정된다. 이재명은 뒤끝 있는 위험한 인물인데. 최소한 코피는 터질 것 같다.

이 글 제목의 '마케팅 실패 사례'는 한동훈 측에서 쓸 경우에는 당연히 '마케팅 성공 사례'로 바뀌어야 한다.

내가 가진 카드를 알고 지킨다는 것

우크라이나의 흑토를 적시는 드니프로강은 오늘도 조용히 흑해를 향하여 흘러간다. 그리고 그 강과 함께 살아온 코사크족 수난의 역사는 아직 끝나지 않았다.

우크라이나 민족의 직접적 뿌리는 코사크족이라고 보는 게 정설이다. 올드팬들이 아직도 기억하는 율브리너 주연의 영화 「대장 부리바」가 바로 코사크족의 이야기다.

영화 속의 코사크족은 용맹하다. 러시아가 이 코사크족을 얕잡아 보았다가 개망신을 당하고 있는 것이 현재 러우 전쟁의 진면목이다. 우크라이나인들은 전쟁이 발발하자 나라를 지키기 위해 우크라이나로 돌아왔다. 징집을 피해 해외로 달아나는 러시아인들과 비교된다.

현 코사크의 족장 젤렌스키가 테슬라 자동차 판매원 트럼프에게 당한 모욕이 분노스럽다. 그러면서 트럼프 측이 한 얘기, '너는 카드가 없어.'라는 말이 참 서럽다. 경험으로 아는 약소국가의 비애. 우리도 한때 약소국이었다.

현실을 직시하며 우리가 가진 카드를 정확히 인지하는 리더가 우리는 절실히 필요하다.

대우조선해양이 한화에 인수되어 현재의 법인명은 한화오션이다. 한화오션의 업종은 한동훈이 '우리의 카드'로 지칭한 조선업이다. 한화오션이 수년 전 하청 업체 노동자들의 불법파업으로 큰 손실을 보았다. 이 파업 이후로 이재명의 민주당은 소위 '노란봉투법'의 제정에 혈안이다.

노란봉투법에 의하면 노조가 불법파업 행위로 인해 회사에 손실을 끼쳐도 회사는 손해배상을 청구할 수 없다. 회사의 조업장을 점거해서 회사가 정상 운영을 못해도 손해배상을 하지 않아도 된다. 이런 악법을 민주당이 만들어 주는 대가로 민노총은 각종 민주당 집회에 시위꾼들을 공급한다.

계속 거부권으로 방어하고 있지만, 이런 법이 통과되면 한동훈이 말하는 '대한민국의 카드'는 없어진다. 이재명이 침 흘리는 '법인카드'만 남는다.

대한민국이란 국가의 카드가 무엇인지를 알고 지키려 하는 한동훈의 리더십이 있다. 반면에 그런 카드를 악법으로 제정해서 소멸시키려 하는 이재명의 리더십도 있다.

이번 대선에서 우리 국민은 어떤 리더십을 선택할 것인가? 대한민국의 성쇠를 결정하는 중대한 선택이다.

메디치와 르네상스

사전지식 없이 피렌체를 찾아도 반나절이 지나지 않아 하나의 이름에 익숙해지게 된다. 바로 '메디치(Medici) 가문'이다. 이탈리아 르네상스는 피렌체와 메디치 가문을 얘기하지 않고선 논할 방법이 없다.

중세 암흑기의 종말은 흑사병이 장식했다. 인구의 절반을 잃은 피렌체의 르네상스를 메디치 가문이 만들어낸다. 미켈란젤로, 레오나르도 다빈치, 보나첼로와 라파엘로 등이 피렌체로 모여든 것은 그들을 든든하게 후원한 메디치 가문이 있어서 가능한 일이었다.

한동훈이 신간 서적『국민이 먼저입니다 – 한동훈의 선택』으로 정치활동을 재개한다. 이 신간 서적을 발행한 출판사 이름이 '메디치미디어'다.

메디치 가문이 중세의 암흑을 르네상스로 밝혔듯이, 한동훈이 한국 정치의 암흑을 끝장내고 새로운 정치의 르네상스 시대를 열어주길 바란다.

윤석열이 자진 하야해선 안 되는 이유

조갑제 대기자께서 윤석열 자진 하야설을 쏘아 올렸다.

조갑제 선생을 존경한다. 그가 살아온 기자로서의 치열한 삶을 존경한다. 박정희를 국민에게 제대로 알린 건 그가 조선일보에 연재한 '내 무덤에 침을 뱉어라.'였다. 원시 농경사회를 현대산업사회로 바꾼 민족의 혁명아, 오천 년 동안 배고팠던 민족을 다이어트하는 민족으로 바꾼 박정희를 국민에게 제대로 알린 건 그의 공적이었다.

대통령의 자진 하야를 언급하신 뜻을 이해한다. 보수를 사랑하고 걱정하는 마음에서이다. 그러나 그의 자진 하야로 조금이라도 국민에게 윤석열을 향한 연민의 감정을 남기는 것이 싫다.

자진 하야하면 못나고 비겁한 대통령이 헌재의 판결에 따라 대통령직에서 쫓겨나는 역사적 장면을 놓치게 된다. 길이길이 만인에게 교훈으로 새겨질 장면인데.

실현 가능성도 작다. 윤석열에게서는 어떤 이타적인 행동을 기대하지 않는 것이 맞다. 계엄 이후의 말 바꾸기에서 재판정에서 언행들을 보면 그는 지극히 말초적 이기심으로 똘똘 뭉친 사람으로 보인다. 눈곱만큼의 명예심이라도 있었다면 부하들을 그렇게 지옥으로 내몰지 않았을 것이다.

그는 정치검사다. 초임 검사 시절에 업무에 몰두해야 할 시기에 정치인 정대철에게 접근했던 사람이다. 맡은 수사나 잘할 일이지. 업무능력이 없으니 한직을 맴돌고 승진도 늦었다. 아둔한 군주 문재인의 눈에 들면서 초고속 승진을 했고 그 대가로 문재인 적폐 청산의 홍위병 역할을 했다. 그가 후배 검사들에게 몸으로 보여준 것은 정치검사의 처신이었다.

그의 비겁한 모습이 며칠이라도 더 국민 눈에 보일 수 있어야 한다. 그가 파면당하는 역사적 장면이 놓쳐져서는 안 된다. 하야는 안 된다.

아련한 '통영'

도시마다 이미지가 있다. 한동훈이 1차 민심경청로드에서 창원의 청년창업인들을 만났다. 그 만남의 자리에서 나온 얘기다.

도시는 각기 다른 느낌이 있다. 한동훈이 언급한 두 도시. 창원과 구미는 이전에 창원공단과 구미공단으로 우리의 머리에 새겨진 도시다. 그냥 재미없는 산업도시다. 돈 버는 도시다. 미국의 디트로이트와 같은 공업도시의 이미지로 우리 머리에 남아있다. 한동훈이 만난 청년들은 사람들의 머릿속에 굳어진 이미지에 도전한다. 그래서 산업도시인 창월에 문화의 이미지를 심으려 한다.

그 자리에 문득 '통영'이 소환되었다. 한동훈이 말하는 통영의 느낌은 '아련하다.'이다. 순간 내 머리를 무언가 때리고 지나간 느낌이다. 정치인이 통영이라는 도시를 '아련하다.'라고 표현했다. '아련하다.' 말고 통영을 잘 표현할 수 있는 다른 단어가 있을까. 그는 참 정확한 단어를 갖다 쓸 줄 안다. 그걸 모르지 않았지만 통영이란 도시를 '아련하다.'로 부를 줄이야.

'아련하다.'라는 형용사는 정치인과 어울리지 않는다. 정치와도 전혀 어울리지 않은데, 한동훈은 한 번씩 이런 표현으로 내 감정을 후벼 판다.

월북작가로 알려졌던 모더니즘 시인 백석에게 통영은 한동훈의 느낌보다 수십 배는 아련했을 것이다. 통영의 명정골에 맑은 샘이 있었고 명정샘에는 난(蘭)이라는 아리따운 처녀가 있었다. 난이 있어서 통영은 백석에게 비로소 아련한 존재가 되었다. 사상이 아닌 문학성을 주장하다 백석은 북한의 문단에서 숙청되었다. 양강도의 협동농장에서 그는 명정골과 난을 그리다가 죽었다. 통영은 양강도에서 너무 멀어서 백석에게 더 아련했다. 멀면 멀수록 더한 것이 아련함의 속성이다.

한동훈이 진주에서 학생들과 시민들의 고충을 들었다. 그걸 엿들으며 '아련함'과 '아득함'을 동시에 느낀다. 정치는 중요하다. 그 중요한 일을 하는 정치가는 4류들이다. 그래서 우리 민생을 되살릴 일은 더 '아득하게' 보인다.

우리말 사전의 모든 형용사 중에서 아련하다 만큼 내 감정을 후벼 파는 형용사가 있을까. 정치인에게 절대 어울리지 않는 단어를 한동훈이 썼다.

아련한 통영이라고.

한동훈도 백석의 사랑 이야기를 알고 있을까? 난을 사랑했던 이야기. 한동훈에게도 비슷한 사랑 이야기가 있을까?

통영은 왜 많은 사람들에게 아련할까?

백석은 난을 만나기 위해 다시 통영을 찾았다. 명정샘에서 그녀가 물 길러 오길 기다렸다. 차가운 바닷바람을 맞았다. 기다리다 기다리다 충렬사 돌계단에 앉아 눈물을 흘렸다. 기다리며 쓴 시가 '통영'이다.

검찰 없애기

검찰을 없애면 어떤 일이 생길까? 궁금하다. 그걸 알기 위해선 검찰이 생기기 전의 세상이 어땠는지를 알면 도움이 된다.

프랑스에선 배고픈 민초 '장발장'이 있었다. 그리고 빵 한 조각 훔친 죄로 19년을 감옥 살게 한 경찰 '자베르'가 있었다. 그 당시 검찰이 있었다면 '자베르'를 말렸을 것이다. 자베르에게 재수사를 지시했을 것이다. 장발장에 대한 처벌은 며칠 구류로 끝났을지도 모른다. 배고픈 민초 장발장의 인생이 바뀌었을 것이다. 소설 '레미제라블'은 다르게 씌어졌을 것이다.

검찰이 생겨난 게 그래서였다. 경찰 권력이 비대해져서 국민이 피해를 보았다. 자베르 같은 경찰 때문에 가혹한 처벌을 받기도 하고, 반대로 부패한 경찰 때문에 나쁜 놈들이 죄를 짓고도 쉽게 빠져나갔다. 민주주의의 원리는 견제와 균형이다. 그래서 검찰이 생겨났다. 경찰을 견제하기 위해 생겨났다.

'빅토르 위고' 같은 대문호가 조선에도 있었더라면 장발장과 같은 성을 가진 장모라는 민초가 떡 하나 훔친 죄로 태형을 맞고 죽는 이야기를 썼을지도 모른다. 포도청의 포교나 포졸도 모두 민초 위에 군림했다.

일본이 조선을 식민 지배하자 포교와 포졸은 순사로 바뀌었지만, 민초들의 삶은 다를 바가 없었다. 일본 순사나 조선인 순사나 민초들을 괴롭히긴 마찬가지였다.

검찰이 없는 세상을 과장되게 묘사하고 싶지 않다. 상상할 수가 있어야 묘사가 될 터인데 상상할 수가 없다. 세계에서 가장 안전한 나라가 위험한 나라를 향해 달려갈 것이라는 것은 확실하다.

삼례 나라슈퍼 같은 엉터리 수사가 많이 생겨날 것이다. 경찰이 3명의 젊은이를 두드려 패서 강제 자백시켜 살인죄로 옥살이시킨 사건이다. 유죄판결을 내린 판사가 박범계이다.

한동훈에게 있었을 무한한 영광

신평이 김건희를 면회했다.

면회 시간을 보면 일반면회는 아닌 듯한데, 김건희에게서 신평이 정식으로 선임을 받았는지는 분명하지 않다. 선임을 받은 변호사가 의뢰인과의 대화 내용을 페이스북에 공개하는 것은 일반적이지 않다. 변호사의 직업윤리에 어긋나는 짓이다.

좌파 매체 기자의 요청에 의한 면회라는 설도 있다. 사실이라면 신평은 르포기사를 쓰기 위해 남부구치소로 잠입한 것이다.

신평이 밝힌 대화 내용을 요약하자면 결국 '김건희는 모든 것이 한동훈의 배신 때문이라고 생각한다.'

자신의 범죄에 대한 반성이 없다. 오히려 남을 탓한다. 특검의 조사에서 답변을 거부하는 피의자의 태도와 함께 반성이 없는 이러한 태도를 고려하면 검찰이 무거운 양형을 구형할 수 있는 이유가 된다. 신평이 선임을 받은 변호사라면 자신의 의뢰자에게 해가 되는 일을 한 셈이 된다.

신평의 진술이 사실이라 치자. 그의 진술을 통해서 엿본 김건희의 정신세계가 정말 놀랍다. "한동훈의 배신이 아니었으면 한동훈에게 무한한 영광이 있었을 것."이라고 얘기한다. 자신이 가진 권력으로 한동훈을 잘 되게 만들 수 있었다는 오만함이 흠뻑 배어 있다.

참 철이 없는 인간이다. 지적인 능력과 인간으로서의 품위가 바닥을 보인다. 좌파 매체와 기자들에게 속아서 매번 풍부한 녹취와 기삿거리를 제공하는 걸 보면 그녀의 지능은 알만하다. 그 버릇을 누굴 주지 못하니 구치소에서도 계속된다. 신평이 대화 내용을 다 녹음하지 않았는지 걱정된다.

한동훈이 신평의 이 페이스북 글을 조갑제에게 보냈다. 딱 한 마디를 더 붙였다.
"매관매직과 계엄 옹호했어야 하나요?"

한동훈은 많은 정보를 알고 있을 것이다. 비대위원장과 당 대표 시절 많은 주위의 제보가 있었으리라 짐작한다. 집권 초기에 사주팔자가 윤석열 부부와 맞지 않아 잘린 대통령실 직원들로부터도 많은 제보가 있었으리라. 그중에는 적지 않은 매관매직의 사례가 있었으리라. 왜 '읽씹'이 있었는지 이제 더 잘 이해가 된다. 한동훈의 입으로 '매관매직'을 거론한 것도 처음이다.

김건희 측에선 기사가 터지자, 한동훈의 배신을 언급한 적이 없다고 전면 부인한다. 김건희의 변호인들이 대형 사고로 인식했을 가능성이 있다.

김건희 측의 부인에도 불구하고 나의 주의는 한 단어에 꽂힌다. 바로 '무한한 영광'이다. 나는 이 촌스러운 워딩의 주인이 김건희임을 직감한다. 신평은 이 촌스러운 워딩을 그대로 전달함으로써 그 워딩의 주인을 짐작할 실마리를 제공했다.

가뜩이나 더운 여름이 더 덥다.

누가 죽은 건 아니지 않느냐

김문수의 이 말을 듣고 억장이 무너졌다.

'살인미수'는 사람이 죽지 않았으니 괜찮다는 논리이다. 초등학생들도 부끄러워해야 할 논리다. 동네 양아치들과 조폭들이 쌍수 들고 반길 논리다.

이런 자가 대선후보가 되고 당대표 선두 주자라는 것은 무얼 말하는가. 국민의힘이란 정당의 후진성이다. 그리고 그 정당의 주인인 당원들의 후진성이다.

국민의힘 당원들은 정치적으로 후진적이다. 그 수준은 국민 중간치에 미치지 못한다. 그러니 김문수같이 덜떨어진 인간을 대선후보로 선출하고 또 당대표로 나서게 만드는 것이다. 그러니 극우 유튜버들이 만들어내는 가짜뉴스와 음모론에 탐닉하는 것이다. 그러니 온갖 컬트들이 당을 수시로 들락날락하게 만드는 것이다.

김문수나 장동혁 같은 인간들이 당 지도부 전면에 나서게 되면 그나마 남아있는 합리적 보수들이 이탈할 것이다. 한여름 땀 흘려 한 사람 한 사람 가입시킨 당원들이 또 떠날 것이다.

동탁과 여포의 싸움

한동훈 덕분에 정치에 관심을 두게 된 지 1년하고도 반년. 권력의 속성을 이제 조금은 이해한다고 말해도 되려나?

한동훈의 미래에 영향을 미칠 요인들을 이것저것 생각해 본다. 국민의힘과 보수라는 대내적 요인도 있고 대외적 요인도 있다. 대외적 요인 중에서도 가장 중요한 것은 역시 민주당 내 혹은 진보좌파 진영의 세력 변화이다.

그런 면에서 이번 민주당의 당대표 선출과 당내 분위기를 유심히 지켜볼 수밖에 없다.

정청래는 민주당 운동권 출신 중에서 비주류이다. 학생회장 출신도 아니고 전대협 출신도 아니다. 성골 출신이 아니어서 그동안 제법 설움도 받았다. 그런 그가 여당의 대표가 되었다.

여기서 만족하지 않는다. 그는 차기 대선을 노린다. 손안에 들어 온 이 기회를 놓치지 않으려 할 수 있는 모든 일을 다 할 것이다. 지금부터 이재명과 권력 게임에 들어간다.

그가 당대표가 된 후 묘한 민주당 내 기류가 감지된다. 친명들이 정청래에게 줄을 바꾸어서고 충성 맹세도 나오기 시작했다. 권력의 이동을 감지한 것이다.

정청래가 1년 후 전당대회에서 다시 임기 2년짜리 당대표로 선출되리라 예상하는 것이다. 그렇게 되면 정청래는 내년 지선의 공천권뿐만이 아니고 28년 총선의 공천권까지 장악하게 된다.

정청래 입장에선 차기 대선을 겨냥한 풀뿌리 조직을 내년 지방선거에서 만들어내어야 한다. 지금부터 당을 장악해야 할 필요가 있다. 권리당원들의 압도적 지지를 받았지만 따르는 의원들은 적다.

정청래는 자신을 지지하는 강성 지지층을 더 강화할 생각이다. 그래서 강경 기조로 갈 것이다. 우선 정당해산 청구권을 국회에도 부여하는 법안을 대표로 발의했다.

이 법안 발의는 중요한 의미가 있다. 만약 이재명 정권의 법무부 장관이 해산 청구를 하지 않아도 국회에서 청구하겠다는 얘기다. 친명과 선명 노선 경쟁이 시작되면 헌재에서의 인용 여부와 관련 없이 정당해산 청구로 가는 것이 필연적 순서가 될 수가 있다.

정청래는 대표 당선 후 국민의힘 송언석 예방을 패싱했고, 정당해산을 공공연히 언급했다. 차명주식 투자 의혹이 있는 이춘석에 최대 수위의 의원제명 징계를 결정했다. 당을 장악해 나가며, 당내 강경파에 부지런히 추파를 던진다.

이재명은 문재인과 다르다. 이재명은 임기 후에 받아야 할 재판이 남아있다. 권력이 승계되어야 하고 승계되는 권력은 반드시 친이재명이어야 한다. 기실 그는 정청래를 신뢰하지 않는다. 그러나 싫든 좋든 정청래는 이미 이재명의 지지 세력을 많이 잠식했다. 정청래가 세력을 더 이상 잠식하면 이재명의 미래가 불투명해진다. 그는 아마도 저도 별장에서 이걸 생각하고 있을지도 모른다.

대통령으로서 이재명이 정치적 중립의 의무를 져야 하지만 정청래는 자유롭다. 강성 지지층의 입맛에 맞는 언행에 아무런 제약이 없다. 야당은 정청래의 독주에 아무런 위협이 되지 않는다.

현재 권력과 미래 권력의 보이지 않는 싸움이 시작된다.

국민의힘은 꼴이 말이 아니다. 두 권력 싸움의 수혜는 없다. 오히려 선명성 경쟁의 영향으로 더 아프게 맞을 것 같다.

보수의 바닥을 지방선거 이후 어느 시점으로 보고 있다. 바닥은 아직 멀었다.

조롱당하는 김문수

강적들에서 김문수가 패널들과 앵커들에게서 조롱당했다. 윤희숙이 비공가 의원총회에서 당했다는 '다구리'를, 김문수는 정규방송에서 같이 출연한 패널들에게서 당했다. 방송을 보며 정말 놀랐다.

앵커는 진중권과 임윤선. 패널로는 김규완, 조응천, 김형주가 출연했다.

패널들과 앵커들은 김문수를 패려고 마음먹고 나온 사람들 같았다. 역대 어떤 게스트가 정규방송에서 이렇게 비난받고 조롱당했던 적이 있었나 싶다.

시작과 동시에 김규완이 당대표 떨어지면 내년 경북지사 선거에 출마하는 게 맞냐고 포문을 열었다. 조응천은 2017년 대선에서 진 홍준표가 당대표로 나와 다음 해 지방선거에서 역사상 최대의 패배를 기록한 것을 상기시켰다. 이번에도 김문수라는 대선 패장이 당대표 선거에 출마한 걸 비판했다. 선대본부 해산식에서 쓰레기당 대표로 절대 출마하지 않겠다던 김문수가 또 말을 바꿨다고 패널들은 비난했다.

김규완이 김문수와 러닝메이트로 나올 최고위원 후보가 없다고 얘기하자, 김형주는 노골적으로 조롱했다. 전한길이 김문수의 러닝메이트라고.

김규완의 조롱이 이어졌다. 대선에서 김문수를 잠시 도왔던 의원들은 한덕수를 대통령 만들기 위해 위장 취업했던 것이라고. 이번 당대표 선거에서 친윤들은 장동혁 지지로 다 돌아섰다고 조롱했다.

김규완은 한동훈을 언급하기도 했다. 한동훈은 불출마하지만, 혁신계 박정훈, 한지아 의원이 최고위원으로 출마하고 우재준 의원이 청년 최고위원으로 도전한다고 소개했다. 이것도 김문수와 비교해서 조롱하는 의미이다.

조응천이 지난주 대구 방문해서 듣게 된 대구 민심을 전하기도 했다. 대구 국힘 당원들이 내년 지방선거에서 국힘을 혼내주겠다고 벼르고 있단다. 노래 못하니 무대에서 내려오라는데 마이크 놓지 않는 7080에 비유했다. 조응천이 아는 대구 민심을 김문수는 모르는 척한다. 표면에 보이는 것과 내면은 다르단다.

김문수의 끝없이 같은 말 되풀이하기가 또 나와서 패널들이 짜증스러워했다. '눈에 넣어도 아프지 않은'이 '이재명 총통'으로 바뀌었다.

게스트가 조롱당하는 이상한 방송 프로그램을 보았다. 민심이 반영되는 건가 싶다. 혹시 안 보신 분은 한번 보시라고 권한다. 처음에는 어쨌든 약간의 통쾌함이 있을 것이다. 나중에는 씁쓸함으로 바뀔 수도 있지만.

집단지도체제

　민주주의 사회에서 가장 중요한 단어 하나가 있다면 그것은 '개인'이다. 자본주의 사회에서 가장 빛나는 단어 하나를 찾는다면 그것도 '개인'이다.

　"가장 개인적인 것이 가장 창의적인 것이다."

　마틴 스코세이지(Martin Scorsese)의 주옥같은 말을 봉준호가 오스카 시상식에서 소환했다. 순간 카메라가 테이블에 앉아 있던 거장의 얼굴을 비춘다. 전 세계가 공감하는 감동적인 인용이었다.

　'개인'과 정확하게 대칭점에 서는 말이 '집단'이다.

　'집단'이란 말은 공산주의자들이 좋아한다. '집단지도체제(集団指導体制, collective leadership system)'를 가진 국가는 그래서 전부 공산주의 국가이다. 구소련이 그랬고, 현재 중화인민공화국도(시진핑의 임기 제한 폐지로 의미가 퇴색되긴 했지만) 제도적으로는 집단지도체제이다.

　'지도(指導)'라는 단어도 공산주의 사회에서 유독 즐겨 쓰인다. '공산당의 영도자가 우매한 인민을 가르친다.'라는 의미이다. 민주사회에서 환영받아서는 안 되는 용어이다.
　공산주의자들이 왜 집단지도체제를 선호하는가.

　책임지는 사람이 없기 때문이다. 집단의 결정(collective decision)이란 형식이 독재자를 모든 잘못으로부터 면책시킨다. 집단의 이름으로 온갖 부끄러운 짓들을 저지를 수 있게 만드는 것이다.

대선 후 친윤들이 선거 패배가 '모두의 책임'이라 얘기하는 것은 아무도 책임을 지지 않겠다는 의미다. 집단지도체제로 가겠다는 것은 앞으로도 책임을 지지 않겠다는 뜻으로 해석한다.

책임은 지지 않는 대신 한 줌 되는 권력은 나눠 가지자는 의도이기도 하다.

정권을 빼앗겼으니 야당이다. 이미 공직자와 공기업의 임명권이 사라졌으니 남은 것은 선출직에 대한 공천권뿐이다. 그리고 내년이 바로 지방선거다. 정치꾼들이 공천이란 꿀을 빠는 기회를 놓칠 수 없다.

공천권을 조금이라도 유지할 방법은 집단지도체제로 가서 공천권을 나누어 먹는 방법밖에 없다. 아무것도 없는 것보단 조금이라도 있는 게 낫다는 판단이다.

집단지도체제에 대한 기억이 있다. 김무성과 서청원이 매일 물어뜯고 싸우던 불쾌한 기억이다.

집단지도체제는 이권은 나누어 먹고 책임은 아무도 지지 않겠다는 의미가 있다. 당의 혁신은 물 건너가는 것이다.

21세기 민주공화국의 보수정당에서 집단지도체제가 언급이 되는 게 하도 신기해서 한 줄 써봤다.

배신과 변절의 계절

선거 철을 전후한 1년은 배신과 변절의 계절이다. 선거가 없으면 배신을 할 일도 변절할 일도 없다.

배신과 변절은 구분이 된다. 배신의 대상은 특정 사람이거나 조직이다. 반면에 변절의 대상은 절개, 지조, 이념 등이다.

이쪽 편에서 보면 변절도 저쪽 편에서 보면 전향으로 보인다.

나는 계절에 그리 민감한 사람이 아닌데, 농망법을 희망법으로 둔갑시키는 송미령을 보는 순간 배신과 변절의 계절임을 깨달았다. 장관은 정치인이다. 송미령은 보수 진영을 등진 배신자이며 자신의 이념에 반하던 양곡관리법을 희망법으로 둔갑시킨 변절자이다.

홍준표는 자신을 세기의 정치자영업자로 키워준 국힘을 떠났다. 그러고는 타당의 후보인 이준석을 지지했다. 배신자이다. 계엄을 한밤의 해프닝이라 했다가 이제 와서 윤석열과 계엄을 욕하는 변절자이기도 하다.

단일화 약속을 엿 바꿔 먹은 김문수도 배신과 변절의 행위를 저질렀다. 그것도 국민을 상대로 한 배신과 변절이다. 김문수가 당대표 출마보다 실속 있는 경북지사직을 바란다는 얘기가 정치판에 무성하다.

나경원을 필두로 이제 친윤임을 부정한다. 얼마 전까지 윤석열의 관저에서 그의 체포를 저지하던 친윤들이 이제는 친윤임을 아예 부정한다. 얼마 전까지 아크로비스타까지 찾아가서 윤석열과 술 마시던 친구들이 이제 윤석열의 전화조차 받지 않는단다. 내란 범죄 공판에 그 잘난 친윤들 코빼기도 안 비친다. 이런 걸 배신이라 부른다.

그러고 보니 선거에다 특검까지 겹쳤다. 두 가지 이벤트가 겹치기까지 했으니 배신과 변절이 터무니없이 부끄럽진 않겠다. 자기합리화에 능한 자들이다. 그래서 친윤들이 아직 고개 들고 다닌다.

윤 부부에게 줄곧 직언만 하고 계엄을 목숨 걸고 막은 바보 한동훈이 배신자로 불리는, 참 희한한 세상을 우리는 살고 있다.

지지자를 바라보는 정치인의 시선

윤석열은 부끄러움이 없다.

지지자들을 쳐다볼 수 있도록 기자에게 비켜 달란다. 나였으면 더 많은 기자가 에워싸주길 바랐을 거다. 내 부끄러운 모습을 지지자들로부터 감출 수 있도록.

윤석열에게 지지자들은 보고 즐기고 위안을 삼는 존재이다. 국민의 다수가 자신을 지지한다는 망상을 더욱 확고하게 만들어 주는 존재이다.

서중욱 얘기는 믿지 않는다. 그래도 내란 혐의 무죄판결을 믿는 윤석열의 망상은 사실인 듯하다.

이자명이 계엄의 밤에 국민에게 SOS를 쳤다. 국회로 나와서 자신을 지켜달라고 했다. 이재명에게 지지자는 자신을 지키기 위한 존재이다. 즉 자신의 방탄을 위한 존재일 뿐이다. 계엄의 밤에 지지자들이 지키러 나올 때까지 그는 숲의 어둠 속에 자신을 숨겼다.

한동훈이 쫓겨나는 날. 차가 멈추고 한동훈이 차를 내렸다. 차마 지지자들을 그냥 지나치질 못했던 듯하다. 그의 지지자들이 울고 있었다. 그가 하는 말, 자기를 지키지 말란다. 자기가 지지자들을 지키겠단다. 한동훈에게 국민은 목숨 바쳐 지켜야 할 대상이다. 계엄의 밤에 그는 그것을 실천했다.

대구와 경북의 가구당 국민소득이 전국 최하위권이다. 열심히 국민의 힘을 지지해 준 대가이다. 네이버에서 검색했더니 2023년 통계가 뜬다.

홍준표는 끝까지 대구 시민을 이용해 먹었다. 대구 시정은 팽개치고 중앙정치에 허구한 날 관여했다. 장돌뱅이 홍준표에게 지지자들은 장마당에 마실 나온 구경꾼일 뿐이다. 그가 장마당에서 파는 가짜 약을 언제나 사주는 바보들일 뿐이다.

조갑제가 최근 갤럽의 여론조사 결과를 분석했다. 21%의 참혹한 지지율 외에 더 질적인 분석을 내놓았다. 국힘은 더 우측으로 이동해서 이제 극우 정당이 되었고, 민주당도 우측으로 이동해서 진보와 중도를 아우르는 정당이 되었다. 이번 대선에서 이재명의 중도 보수 표방 사기는 큰 성공을 거두었다. 계엄을 옹호하고 부정선거 음모론을 비호함으로써 국힘은 스스로 중도층을 민주당에 내주었다. 국힘의 지지 세력은 극우로 쪼그라들었다.

송언석을 선택한 60명의 국회의원에게 국힘의 지지자들은 어떤 존재인지 궁금하다. 오만가지 못된 짓을 다 해도 41% 지지를 주는 바보들로 생각하진 않을까?

계륵(鷄肋)

별로 쓸모도 없는데 버리기엔 아까운 걸 '계륵'이라 부른다.

조조가 무심코 '계륵'을 입에 올리자, 눈치 빠른 양수(楊修)는 바로 짐을 쌌다. 양수가 예측한 대로 조조는 바로 군사를 물렸다.

지금 정치권 최대의 관심은 한동훈의 행보이다. 당대표 출마하느냐 마느냐에 모든 정치권의 관심이 집중되어 있다. 모든 방송의 정치 토론에는 반드시 이에 관한 토론이 빠지지 않는다. 의견도 정확하게 반반으로 나뉜다.

오늘도 많은 의견이 있었다. 당 밖의 의견 중에는 이준석, 장경태의 것이 눈에 띄고 당내의 의견 중에는 김재원, 김근식의 것이 단연 눈에 띈다.

이준석과 김재원의 출마 지지 의견은 그 속내가 한눈에 보인다.

이준석의 말처럼 한동훈이 출마하면 당선될 가능성이 매우 높다. 여러 가지 이유로 당선은 문제가 되지 않는다.

당대표를 맡아서 무엇을 이룰 수 있느냐가 문제이다. 지방선거 패배를 막아낼 수 있을까. 내란 특검으로부터 국힘의 중진의원들 지켜낼 수 있을까? 위헌 정당해산을 이재명 정권이 시도하면 한동훈이 막아낼 수 있을까? 아무리 생각해도 할 수 있는 일이 하나도 없다.

이준석은 이 사실을 안다. 한동훈이 이번에 당대표를 맡아서 지선의 패배와 내란 특검을 거치며 정치적 이미지가 소모되리라는 걸 안다. 최대의 정적을 손쉽게 제거할 수 있는 기회이다. 한동훈이 제거되면 보수개혁의 젊은 리더십은 이준석의 전유물이 될 가능성이 크다.

홍준표가 내뱉는 저주 중의 하나가 국힘 해산이다. 홍준표의 목표가 된듯하다. 이준석을 차기 대권후보로 밀고 홍준표는 개혁신당의 대표가 되어서 해산되는 국힘의 의원들 흡수하는 것을 목표로 하는 듯하다. 홍준표와 이준석의 윈윈전략이다. 국힘이 해산되고 한동훈이 소진되는 것이 홍과 이에겐 일거양득이 되는 것이다. 그래서 그들은 한동훈의 전당대회 등장을 고대한다.

장경태가 던진 꿀 발린 얘기. '한동훈이 있는 한 국힘 해산까지는 못 시킨다.' 틀린 말이다. 한동훈이 있어도 국힘은 해산시킬 수 있다. 법무부 장관이 제소하고 헌법재판소가 결정한다. 민주당으로서는 보수의 차기 유력 대선후보를 제거할 수 있는 절호의 기회다. 이재명은 원하지 않더라도 이재명의 대권을 이어받을 꿈을 꾸는 자는 한동훈이 전당대회에 꼭 등장하길 바란다.

김문수가 당권에 관심이 있다는 것은 삼척동자도 안다. 그러나 대선 패배자가 나서긴 어렵다. 명분도 없다. 그는 탄핵을 반대하고 부정선거 음모론을 지지하고 단일화 사기를 쳤다. 그래서 한동훈의 등장이 필요하다.

김재원의 목표는 대구시장이다. 김문수가 당대표가 되어야만 그에게 단독 공천의 기회가 있을 것이다. 그래서 한동훈의 등장을 바란다. 한동훈이 등장하면 친윤들이 한동훈을 막기 위해 김문수를 추대할 수밖에 없다는 사실을 김재원은 잘 알고 있다. 윤희석이 방송에서 밝힌 사실이다. 신빙성이 매우 높다.

지금 국힘의 당대표직은 '계륵'이다. 유망정치인이 딱 죽기 좋은 자리다.

김근식이 '희생'을 얘기한다. 대한민국을 위해 가치 있는 무언가를 위해서라면 한동훈은 폭풍 속으로도 뛰어들고 절벽에서도 뛰어내린다.

'계륵'을 얻기 위해서는 절대 아니다. '계륵'을 얻기 위한 '희생'은 아무런 의미가 없다.

한동훈이 소진되면 이 나라에 희망이 없어지는 것이다.

단세포동물의 속성

심규진이 한동훈에게 물었다.
"윤석열 정부가 낫습니까? 작금의 이 정부가 낫습니까?"

이재명 정부의 탄생을 막기 위해선 윤석열 탄핵을 반대했어야 한다는 얘기로 들린다. 보통의 극우들과 논법이 똑같다. 배운 극우나 덜 배운 극우나 논법은 전혀 다르지 않다.

심규진은 계엄이 무엇인지 알고나 있을까. 1978년생 심규진은 5.18 광주 계엄 때 2살이었다. 국민의 기본권이 제한받는 시대에 살아본 기억이 없을 것이다. 국내에서 직접 경험이 없다면 다른 국가의 자료라도 찾아보아야 했다. 친위쿠데타 한 건당 평균 몇만 명이 죽었는지 학자답게 연구해야 했다.

계엄에서 인명피해가 하나도 없었다는 사실이 믿기 어렵다. 이런 행운은 하늘에서 뚝 떨어진 공짜 선물이 아니다. 목숨 걸고 계엄의 밤에 국회로 들어간 사람들이 있어서 가능했다.

2차 계엄이 일어날 개연성이 충분했다. 12월 4일 오후 한동훈이 윤석열을 만나서 한 일은 2차 계엄을 막기 위해 김용현 국방부 장관을 해임시키는 일이었다. 결국 해내었다. 2차 계엄의 가능성은 현저히 줄어들었다.
전한길은 윤석열 석방 촉구 집회에서 물었다.
"보수의 주인이 전한길이냐 한동훈이냐?"
전한길도 윤석열처럼 망상 증상이 있는 듯하다. 아스팔트 집회에서 환호하는 군중 앞에 몇 번 서더니 대한민국의 큰 정치인이 된 듯한 망상에 사로잡힌 듯하다. 이제 당대표 후보들 면접까지 보겠단다.

극우들의 특징을 한가지 체득하게 되었다. 단세포적이다. 사고가 단세포적이니 질문도 단세포적 이분법을 따른다.

극우들과 토론해 보신 분들은 경험해 보셨으리라. 궁지에 몰리면 항상 이재명이다. 이재명을 대통령 만들자는 얘기냐고 공격한다. 심규진 얘기랑 다른 점이 하나도 없다. 단세포적이다.

극우는 세상을 '우리'와 '그들'이라는 단순한 이분법으로 나눈다. 이러한 단세포적 사고방식은 복잡한 사회 문제를 흑백논리로 재단하고, 관점의 차이를 인정하지 않는 배타적인 태도로 이어진다. 개딸과 흡사하다.

심규진 정도 되는 지식인이 이런 단세포적인 질문을 던질 때 나는 절망을 느낀다. 절대 지성인은 되지 못하는 단세포적 사고의 지식인들이 우리 사회에 너무나 많다.

그리고 그들이 이제 국민을 지배하려 든다. 보수를 지배하려 한다. 이번 전당대회는 극우와 반극우의 노선투쟁이 될 것 같다.

통일교 총재의 초청을 거절한 정치인

통일교 총재 한학자의 초청을 거절하다니. 한동훈은 제정신이 아녔 거나 정치인이 아니었거나 둘 중의 하나란다. 정치를 직업으로 하는 지인이 한 말이다.

홍준표는 신천지 교주의 부름을 받았는지 제 발로 찾아갔는지 모르 지만 어쨌든 교주를 만났으니 제 정신의 정치인이다.

김건희 메시지에 답을 안 한 것(소위 '읽씹'이란 것)도 같은 선상에 있 는 것이냐는 질문을 던질 수 있었던 것은 편상욱의 통찰력이었다. 편 상욱의 이 질문에 담겨있는 한동훈에 대한 선의를 읽었다. 공인으로서 떳떳한 한동훈 행동의 일관성을 부각시키려 했다고 해석한다.

민심과 당심에서 공히 63%라는 압도적 지지를 받은 한동훈을 통일 교와 묶어둘 수 있다면 든든한 보험이라고 한학자는 생각했을 것이다. 친윤들의 요청에 따라 다른 후보를(예를 들면 원희룡) 경선에서 지원했 다면, 그럼에도 불구하고 압도적인 승리를 거둔 한동훈과의 관계 설정 에 더 애착을 가졌을 것이다.

김건희가 씹혔다고 주장하는 문자메시지는 한번이 아니었다. 며칠 간격을 두고 5번에 걸쳐 보내졌다. 김건희의 집요함을 엿본다. 한동훈 이 뭐라고 답장했건 그 답장은 문제가 되었을 가능성이 크다. 무응답 은 최선의 방책이었다. 후에 김건희의 이중 행동에 대한 JTBC의 보도 를 보면 더 확신이 간다. 문자가 씹혔다는 창피함을 무릅쓰고 결국 김건희는 답을 못 받은 문자질을 한동훈 죽이기에 이용했다.

'공인의 적절한 행동'에 대한 한동훈의 자각은 유난히 강하다. 그러니 통일교의 유혹을 과감히 물리칠 수 있던 거다. 이런 깨끗한 정치인이 소송에 휘말리는 일은 '흰색과 하얀색을 가리는' 그런 일 뿐이다.

춘래불사춘

대선까지 앞으로 49일. 4자가 보인다. 아라비아 숫자 4는 날 슬프게 한다.

모든 출항 준비를 다 마쳤는데 기다리던 바람이 없다. 속도 모르고 목련은 활짝 피었다.

왕소군은 중국의 4대 미인으로 꼽힌다. 흉노와의 화친 정책에 따라 흉노왕에게 시집을 간다.

> 오랑캐 땅은 꽃과 풀이 없으니
> 봄이 와도 봄 같지 아니하다.
> 胡地無花草 春来不似春.

오랑캐 땅에서 왕소군의 삭막한 심정을 수백 년이 흘러 당나라의 시인 동방규가 노래했다.

그리고 또 천년의 세월이 흘러 한동훈이 대통령 되기를 기다리는 우리 지지자들의 심정을 노래한다.

> 기다리는 바람의 소식이 없으니.
> 춘래불사춘이라.
> 港口無海風 春来不似春.

목련의 꽃말

목련이 피려나 보다. 예쁜 꽃망울이 맺혔다.

목련의 꽃말은 색깔에 따라 조금씩 다르지만, 대표적인 꽃말은 '고귀함', '숭고함'이다. 우아하며 순결한 목련의 자태를 보면 꽃말에 응당 수긍이 간다.

한동훈이 지난 총선 때 목련을 얘기했다. 그 이후 목련의 꽃말은 이제 나에게 '바램'과 '기다림'이다.

추운 겨울을 헤치고 마침내 여기까지 왔다. 계엄과 탄핵의 눈보라를 헤치고 이제 꽃망울을 터뜨릴 시간이다. 87체제를 마감하고 7공화국을 활짝 열어젖힐 목련의 화려한 개화를 꿈꾼다.